AF501717

LES REGLES DE LA BIEN-SÉANCE ET DE LA CIVILITÉ CHRÉTIENNE.

TRES-UTILE POUR L'EDUCATION des Enfans, & pour les Personnes qui n'ont pas la politesse du monde, ni de la Langue Françoise.

A L'USAGE DES ENFANS des Ecoles Chrétiennes.

A Troyes, & se vendent,

A PARIS,

Chez la Véve NICOLAS OUDOT, ruë Vieille Bouclerie. 1716.

AVEC PRIVILEGE DU ROY.

A MONSIEUR
LE CHANTRE
DE L'EGLISE
METROPOLITAINE DE PARIS,
Collateur, Juge & Directeur des petites Ecoles de la Ville, Cite, Université, Fauxbourgs & Banlieüe de Paris.

MONSIEUR,

Je prens la liberté de vous présenter le Livre de la Civilité Chrétienne, *comme un hommage que je vous dois, sur l'assurance que j'ai qu'il est propre à seconder vôtre Religion & vôtre zéle, pour l'établissement & la conservation de l'Esprit de pieté dans les Ecoles Chrétiennes, soumises à vôtre autorité, & confiées à vos soins. J'ai crû, Monsieur, rendre service & à l'Eglise & au Public, d'en avoir fait imprimer une nouvelle Edition, revûë, corrigée & approuvée.*

Les Maîtres & les Maîtresses d'Ecoles, qui sont sous vôtre conduite, & ceux mêmes qui enseignent dans les Colléges y trouveront un grand secours pour élever la jeunesse dans la pieté, en leur apprénant les Régles de la vie civile, selon l'esprit de l'Evangile, & a s'acquiter des devoirs du Chrétien, dans tout le cours de leur vie; les Personnes mêmes les plus avancées en âge, y trouveront des instructions trés-solides.

J'espere, Monsieur, qu'honorant ce petit Ouvrage de vôtre aprobation & de vôtre protection; & si vous voulez bien en ordonner l'usage à tous les Maîtres & les Maîtresses qui sont sous vôtre conduite, il aura tout le succés dont je me suis flatté. Je suis avec un trés-profond respect,

MONSIEUR,

Vôtre trés-humble & trés-obéïssant
Serviteur F. RIVIERE.

PREFACE.

C'Est une chose surprenante que la plûpart des Chrétiens ne regardent la Bien-séance & la Civilité, que comme une qualité purement humaine & mondaine, & que ne pensant pas à élever leur esprit plus haut, ils ne la considerent pas comme une vertu qui a raport à Dieu, au prochain & à nous-même. C'est ce qui fait bien connoître le peu de Christianisme qu'il y a dans le monde, & combien il y a peu de personnes qui y vivent & se conduisent selon l'esprit de Jesus-Christ. C'est cependant ce seul esprit qui doit animer toutes nos actions, pour les rendre saintes & agréables à Dieu, & c'est une obligation dont S. Paul nous avertit, en nous disant, en la personne des premiers Chrétiens, que comme nous devons vivre par l'esprit de Jesus-Christ; nous devons aussi nous conduire en toutes choses par le même esprit.

Comme il n'y a aucune de vos actions, selon le même Apôtre, qui ne doivent être saintes, il n'y en a aussi pas une qui ne doive être faite par des motifs purement Chrétiens, & ainsi toutes nos actions exterieures; qui sont les seules qui peuvent être réglées par la Bien-séance, doivent toûjours avoir & porter avec ſoi un caractere de vertu.

C'eſt ce que les Peres & Meres ſont obligez de conſiderer dans l'éducation de leurs Enfans; & c'eſt à quoi les Maîtres & Maîtreſſes chargez de l'inſtruction des Enfans, doivent faire une attention particuliere.

Ils ne doivent jamais, en leur donnant des régles de la Bien-séance, oublier de leur enſeigner, qu'il ne faut les mettre en pratique, que par des motifs purement, Chrétiens, & qui regardent la gloire de Dieu & le ſalut; & bien loin de dire aux Enfans, dont ils ont la conduite, que s'ils ne font pas une telle choſe, on les blâmera, qu'on n'aura pas d'eſtime pour eux, qu'on les tournera en ridicules, qui ſont toutes manieres qui ne ſont bonnes qu'à leur inſpirer l'eſprit du monde, & à les éloigner de celui de l'Evangile; lors qu'ils voudront les porter à des pratiques exterieures, qui regardent le maintien de Corps, & la ſeule modeſtie; ils auront ſoin de les y engager par le motif de la préſence de Dieu, dont ſe ſert S. Paul, pour le même ſujet, en avertiſſant les Fidéles de ſon tems, que leur modeſtie devoit paroître à tous les hommes, parce que le Seigneur étoit proche d'eux; c'eſt-à-dire, par reſpect pour la presence de Dieu devant qui ils étoient, s'ils leurs apprennent & leur font faire des pratiques de bien-séance, qui ont raport au prochain, ils les engageront à ne donner ces témoignages de bien-veillance, d'honneur & de respect que comme à des membres de Jesus-Christ & à des Temples vivans & animez du Saint Esprit.

C'est ainsi que saint Pierre exhorte les premiers Fidéles ausquels il écrit, d'aimer leurs Freres, & de rendre à chacun l'honneur qui lui est dû, pour se montrer de véritables serviteurs de Dieu, en témoignant que c'est Dieu qu'ils honorent en la personne de leur prochain.

Si tous les Chrétiens se mettent en état de ne donner des marques de bien-veillance, d'estime & de respect, que dans ces vûës & par des motifs de cette nature, ils satisferont par ce moyen toutes leurs actions & donneront lieu de distinguer, comme on doit le faire, la bien-séance & la civilité Chrétienne, de celle qui est purement mondaine & presque payenne; & vivans ainsi en véritables Chrétiens, ayans des manieres exterieures, conformes à celles de Jesus-Christ, & à celles de leur profession, ils se feront discerner des Infidéles & des Chrétiens de nom, comme Tertulien dit, qu'on connoissoit & qu'on discernoit les

Chrétiens de ſon tems, par leur exterieur & par leur modeſtie.

La bien-séance Chrétienne eſt donc une conduite ſage & réglée que l'on fait paroître dans ſes diſcours & dans ſes actions exterieures par un ſentiment de modeſtie ou de reſpect, ou d'union & de charité à l'égard du prochain, faiſant attention au tems, aux lieux & aux perſonnes avec qui l'on converſe ; & c'eſt cette bien-séance qui regarde le prochain, qui ſe nomme proprement *Civilité.*

On doit dans les pratiques de bien-séance & de civilité avoir égard au tems ; car il y en a pluſieurs qui ont été en uſage dans les ſiécles précédens, où même il y a pluſieurs années, qui ne le ſont pas preſentement, & celui qui voudroit encore s'en ſervir, paſſeroit pour un homme ſingulier, bien loin d'être regardé comme une perſonne civile & honnête.

Il faut auſſi ſe conduire dans ce qui regarde la bien-seance, ſelon ce qui ſe pratique dans les Païs où l'on demeure, & où l'on ſe trouve ; car chaque Nation a ſes manieres de bien-séance & de civilité qui lui ſont particulieres, ce qui fait que trés-ſouvent, ce qui eſt meſſéant dans un Païs, eſt regardé comme civil & honnête dans un autre.

Il y a même des choses que la bien-séance exige en quelques endroits particuliers, & qui sont entierement défendus en d'autres lieux; car ce qui se doit faire chez le Roi, ou même dans sa Chambre, ne doit pas se faire ailleurs, parce que le respect qu'on doit avoir pour la personne du Roi, demande qu'on ait de certains égards dans sa Maison, qu'il ne faut pas avoir dans celle d'un particulier.

On doit aussi se conduire autrement dans sa propre maison, que dans les maisons des autres & chez les personnes qu'on connoît que chez celles qu'on ne connoît pas.

Puis donc que la Civilité demande qu'on ait & qu'on fasse paroître un respect particulier pour les uns qu'on n'est pas obligé, & qu'il seroit même contre la bien-séance d'avoir pour les autres; quand on se rencontre, ou qu'on converse avec quelqu'un, il faut faire attention à sa qualité, pour le traitter & agir avec lui, selon que sa qualité le demande.

Il faut aussi se considerer soi-moi, & ce que l'on est; car celui qui est inferieur à d'autres, est obligé d'avoir de la soumission pour ceux qui lui sont superieures, soit par leur naissance, soit par leur emploi, soit par leur qualité, & de leur témoigner beaucoup plus de respect, que ne feroit pa un autre qui leur ſeroit tout-à-fait égal.

Un Païſan, par exemple, doit rendre exterieurement plus d'honneur à ſon Seigneur, qu'un Artiſan qui ne dépendroit pas de lui ; & cet Artiſan doit porter beaucoup plus de reſpect à ce Seigneur, qu'un autre Gentilhomme qui iroit le voir.

La Bien-séance & la Civilité ne conſiſtent donc proprement que dans des pratiques de modeſtie & de reſpect à l'égard du prochain ; & comme la modeſtie ſe fait particulierement paroître dans la contenance & le reſpect, pour le prochain. Dans les actions ordinaires, qui ſe font preſque toûjours en préſence des autres, on a pris le deſſein de traiter dans ce Livre, de ces deux choſes ſéparément. 1. De la modeſtie qui doit paroître dans le Port & Maintien des differentes parties du Corps. 2. Des marques exterieures de reſpect ou d'afection particuliere qu'on doit donner dans les differentes actions de la vie, à toutes les perſonnes en préſence de qui on les fait, & avec qui on peut avoir affaire.

TABLE DES CHAPITRES ET ARTICLES contenus en ce Livre.

PREMIERE PARTIE.

SECONDE PARTIE.

Fin de la Table.

APPROBATIONS.

J'Ai lû par ordre de Monseigneur le Chancelier, ce Livre, qui a pour Titre. *Les Regles de la Bien-séance & de la Civilité Chrétienne*, dans lequel je n'ai rien trouvé que de conforme à la Foi Catholique, aux bonnes mœurs & à la pieté. Fait à Paris ce 26. jour de Décembre 1702.

Signé, L. ELIES DU PIN.

J'Ai lû par ordre de Monseigneur le Chancelier, *Les Regles de la Bien-séance & de la Civilité Chrétienne*; & je n'y ai rien trouvé que de bon & d'utile. Fait à Paris ce septiéme May 1708.

Signé, D'ANCHET.

PRIVILEGE DU ROY.

LOUIS par la grace de Dieu Roi de France & de Navarre ; à nos amez & feaux Conseillers, les Gens tenans nos Cours de Parlement, Maîtres des Requêtes ordinaires de nôtre Hôtel, Grand Conseil, Prevôt de Paris, Baillifs, Sénéchaux, leurs Lieutenans Civils, & autres nos Justiciers, qu'il appartiendra : SALUT, nôtre amée la Veuve OUDOT, Libraire à Paris ; Nous aïant fait supplier de lui accorder Nos Lettres de permission, pour l'Impression d'un Livre intitulé, *Regles de la Bien-séance & de la Civilité Chrétienne* : Nous avons permis & permettons par ces Presentes à ladite Veuve OUDOT, de faire imprimer ledit Livre, en telle forme, marge, caractere, conjointement ou separément, & autant de fois que bon lui semblera, & de le vendre, faire vendre & débiter par tout nôtre Roïaume, pendant le temps de six années consecutives, à compter du jour de la datte desdites Presentes : Faisons défenses à tous Libraires, Imprimeurs & autres personnes de quelque qualité & condition qu'elles soient d'en introduire d'impression étrangere dans aucun lieu de nôtre obéïssance : A la charge que ces Presentes seront enregistrées tout au long sur le Registre de la Communauté des Imprimeurs & Libraires de Paris, & ce dans trois mois de la datte d'icelles, que l'impression dudit Livre sera faite dans nôtre Roïaume & non ailleurs, en bon papier & en beaux caracteres, conformément aux Reglemens de la Librairie, & qu'avant que de l'exposer en vente, il en sera mis deux Exemplaires dans nôtre Bibliothéque publique, un dans celle de nôtre Château du Louvre, & un dans celle de nôtre trés-cher & féal Chevalier, Chancelier de France, le Sieur Voysin, Commandeur de nos Ordres; le tout à peine de nullité des Présentes: Du contenu desquelles, vous mandons & enjoignons de faire joüir l'Exposante ou ses ayans causes pleinement & paisiblement, sans souffrir qu'il leur soit fait aucun trouble ou empêchement. Voulons qu'à la copie desdites Présentes, qui sera imprimée au commencement ou à la fin dudit Livre, foi soit ajoûtée comme à l'Original. Commandons au premier nôtre Huissier ou Sergent de faire pour l'exécution d'icelles, tous Actes requis & nécessaires, sans demander autre permission, & nonobstant clameur de Haro, Chartes Normandes, & Lettres à ce contraires; Car tel est nôtre plaisir. Donné à Paris le septiéme jour du mois de Juillet, l'an de grace mil sept cent seize, & de nôtre Regne le premier. Par le Roi en son Conseil. *Signé*, FOUQUET, & scellé du grand Sceau de cire jaune.

Registré sur le Registre N°. 4. *de la Communauté des Libraires & Imprimeurs de Paris*, page 22. N°. 29. *conformément aux Réglemens, & notamment à l'Arrêt du Conseil du* 13. *Août* 1703. *A Paris ce* 9. *Juillet* 1716.

Signé, DELAULNE, Syndic.

LES REGLES DE LA BIEN-SEANCE. ET DE LA CIVILITE' CHRE'TIENNE.

PREMIERE PARTIE.

De la modeſtie qu'on doit faire paroître dans le port & le maintien des differentes parties du Corps.

CHAPITRE PREMIER.

Du port & du maintien de tout le Corps.

E qui contribuë le plus à donner de l'air à une perſonne. & à la faire conſiderer par ſa modeſtie comme une perſonne ſage & bien reglée, c'eſt lors qu'elle tient toutes les parties de ſon corps dans la ſituation que la nature ou l'uſage leur a preſcrit.

On doit pour cela éviter pluſieurs défauts dans le maintien des parties du corps, dont le premier eſt l'*Affectation*, & la gene qui rend une perſonne guindée dans son exterieur, & qui est tout-à-fait contre la bien-séance & contre les régles de la modestie.

Il faut aussi se garder d'une certaine négligence qui fasse paroître de la lâcheté & de la molesse dans la conduite, & qui rend une personne méprisable, parce que cette mauvaise qualité marque une bassesse d'esprit, aussi-bien que de naissance & d'éducation.

On doit aussi faire une attention toute particuliere, pour ne rien faire paroître de leger dans son maintien; ce qui est l'effet d'un esprit évanté. Ceux qui ont l'esprit naturellement leger & étourdi, s'ils veulent ne pas tomber dans ce défaut, ou s'en corriger, doivent faire en sorte de ne pas remuer un seul membre de leur corps sans attention, & de ne le faire qu'avec beaucoup de retenuë. Ceux aussi qui sont d'un temperamment actif & precipité, doivent beaucoup s'étudier à ne jamais agir qu'avec une grande moderation, à penser avant que de faire, & à avoir le corps le plus qu'ils peuvent dans une même consistance & situation.

Quoi qu'il ne faille rien faire paroître d'étudier dans son exterieur, il faut cependant sçavoir compasser toutes ses démarches, & bien régler le port de toutes les parties du corps. C'est ce qu'on doit apprendre aux enfans avec beaucoup de soin, & ce à quoi les personnes, dont les parens ont été assez négligens, pour ne les pas former dans leur bas âge, doivent s'appliquer d'une maniere particuliere, jusqu'à ce qu'ils s'y soient accoûtumez, & qu'ils se soient rendus ces pratiques aisées & comme naturelles.

Il faut qu'il y ait toûjours dans le port d'une personne quelque chose de grave & de majestueux: mais elle doit bien prendre garde qu'il n'y ait rien qui ressente l'orgüeil & la hauteur d'esprit; car cela déplaît extrêmement à tout le monde. Ce qui doit donner cette gravité, c'est la seule modestie & la sagesse qu'un Chrétien doit faire paroître dans toute sa conduite. Comme il est d'une naissance élevée, parce qu'il appartient à Jesus-Christ, & qu'il est enfant de Dieu, qui est le souverain être, il ne doit rien avoir, ni rien faire remarquer de bas dans son exterieur, & tout y doit avoir un certain air d'élevation & de grandeur, qui ait quelque rapport à la puissance & à la majesté de Dieu, qu'il sert, & qui lui a donné l'être, mais qui ne vienne pas d'estime de soi-même, & de préference aux autres; car tout Chrétien devant se conduire selon les régles de l'Evangile, doit porter honneur & respect à tous les autres, les regardant comme les enfans de Dieu & les freres de Jesus-Christ, & se considerant comme un homme chargé de pechez, il doit pour cela s'humilier continuellement, se mettre au-dessous de tous.

Lors qu'on est debout, il faut tenir le corps droit, sans le pancher ni d'un côté ni d'un autre, & ne pas se courber en devant comme un vieillard qui ne peut se soûtenir. Il est aussi trés-indécent de se redresser avec affectation, de s'appuïer contre une muraille ou contre quelque autre chose, de faire des contortions de corps, & de s'alonger avec indécence.

Quand on est assis, il ne faut pas s'étendre lâchement, ni s'appuyer bien fort contre le dossier de la chaise; il est indécent d'être assis trop bas ou trop haut, à moins qu'on ne puisse faire autrement, & il vaut mieux ordinairement être assis trop haut que trop bas: mais quand on est en compagnie, il faut toûjours, particulierement aux femmes, donner les siéges les plus bas comme les plus commodes;

Le froid ni pas une autre souffrance ou incommodité, ne doit pas nous faire tenir dans une posture indécente, & il est contre la bien-séance de faire paroître par ses contenances qu'on a quelque incommodité, à moins qu'on ne puisse faire autrement.

C'est aussi une marque d'une trop grande tendresse & délicatesse, lors qu'on ne peut rien souffrir, sans le faire paroître à l'exterieur.

CHAPITRE II.

De la Tête & des oreilles.

POur tenir la tête avec bien-séance, il faut l'avoir droite sans la baisser ni la pancher, ou à droite ou à gauche : il faut se bien garder de la serrer ou enfoncer entre les deux épaules ; la tourner à tout vent, cela est d'un esprit leger ; & la remuer souvent, est la marque d'une personne inquiete & embarassée. C'est aussi témoigner de l'arrogance de relever la tête avec affectation. Il est tout-à-fait contre le respect qu'on doit à une personne de la hausser, de la secoüer, ou de la branler quand elle nous parle, car cela fait paroître que l'on n'en a pas l'estime qui lui est dûë, & qu'on n'est pas disposé à croire & à faire ce qu'elle nous dit.

C'est une liberté qu'il ne faut jamais se donner d'appuyer la tête avec la main, comme si on ne pouvoit la soûtenir.

Gratter la tête quand on parle, ou même en compagnie, quand on n'y parleroit pas, cela est d'une trés-grande indécence, & indigne d'une personne bien née. C'est aussi l'effet d'une grande négligence & mal-propreté ; car cela vient ordinairement de ce qu'on a pas aſſez de ſoin de ſe bien peigner, & de ſe tenir la tête nette. C'eſt à quoi doit prendre garde une perſonne qui n'a point de perruque*, de ne laiſſer ni ordure ni craſſe ſur ſa tête ; car il n'y a que des perſonnes mal-élevées, qui tombent dans cette négligence, & on doit regarder la netteté du corps, & particulierement de la tête, comme une marque exterieure & ſenſible de la pureté de l'ame.

La modeſtie & l'honnêteté demandent qu'on ne laiſſe pas amaſſer beaucoup d'ordures dans ſes oreilles ; ainſi il faut de tems en tems les nettoyer avec un inſtrument fait exprés, qu'on nomme pour ce ſujet *Cure Oreille* Il eſt trés-indécent de ſe ſervir pour cela de ſes doigts, ou d'une épingle, & il eſt contre le reſpect qu'on doit aux perſonnes avec qui on ſe trouve, de le faire en leur préſence ; c'eſt auſſi le reſpect qu'on doit avoir pour les lieux ſaints.

Il n'eſt pas ſeant de porter une plume ſur l'oreille, ni d'y mettre des fleurs, d'avoir les oreilles percées, & y pendre des Anneaux, cela ne ſied pas bien à un homme, car c'eſt une marque exterieure d'eſclavage qui ne lui convient pas.

La plus belle parure des oreilles, eſt qu'elles ſoient toutes nuës & bien nettes, les hommes pour l'ordinaire doivent les couvrir de leurs cheveux ; les femmes les ont plus découvertes, & il eſt quelquefois d'uſage, ſur tout aux femmes de qualité, qu'elles ayent des perles, des diamans, ou des pierres précieuſes penduës à leurs oreilles. Il eſt cependant plus modeſte & plus chrêtien de ne donner aux oreilles aucun ornement, parce que c'eſt par elles que la parole de Dieu entre dans l'eſprit & dans le cœur, & que le reſpect qu'on eſt obligé d'avoir pour cette divine parole, doit empêcher que rien n'en approche qui ressente la vanité.

Le plus bel ornement des oreilles d'un Chrêtien est qu'elles soient bien disposées & toûjours prêtes à écouter avec attention, & recevoir avec soumission les instructions qui regardent la religion & les maximes du saint Evangile. C'est pour cette fin que les saints Canons ont ordonnez à tous les Ecclesiastiques d'avoir les oreilles entierement découvertes, pour leur faire connoître qu'ils doivent toûjours être attentifs à la loi de Dieu, à la doctrine de la verité, & à la science du salut, dont ils sont les dépositaires & les dispensateurs.

CHAPITRE III.

Des Cheveux.

IL n'y a personne qui ne doive prendre pour régle & pour pratique de se peigner tous les jours, & il ne faut jamais paroître devant qui que ce soit avec des cheveux mêlez & mal-propres, qu'on ait sur tout égard qu'il n'y ait point de vermine, ni de lentes. Cette précaution & ce soin est de conséquence à l'égard des enfans.

Quoi qu'il ne faille pas facilement mettre de la poudre sur ses cheveux, & que cela ressente un homme effeminé, il faut cependant prendre garde de n'avoir pas les cheveux gras. C'est pourquoi lors qu'ils le sont naturellement, on peut les dégraisser avec du son, ou mettre de la poudre dans le peigne pour les rendre secs, & leur ôter, s'il se peut, leur humidité qui pourroit gâter le linge & les habits.

Il eſt trés-indécent de ſe peigner en compagnie; mais c'eſt une faute inſuportable de le faire dans l'Egliſe. C'eſt un lieu où l'on doit être trés-propre, pour le reſpect qu'on a pour Dieu ; mais le même reſpect engage à n'y entrer qu'avec propreté.

Si ſaint Pierre & ſaint Paul deffendent aux femmes de ſe friſer les cheveux, ils condamnent à bien plus forte raiſon ces ſortes d'ajuſtemens dans les hommes, qui ayant naturellement beaucoup moins de penchant à ces ſortes de vanitez que les femmes, doivent par conſéquent en avoir beaucoup plus de mépris, & être bien plus éloignez de s'y abandonner.

Comme il n'eſt pas à propos d'avoir les cheveux fort courts ; car cela iroit à défigurer la perſonne, il faut auſſi prendre garde qu'ils ne ſoient pas trop longs, & particulierement qu'ils ne tombent pas ſur les yeux ; voilà pourquoi il eſt bon de les faire couper proprement de tems en tems.

Il y a des gens qui pour leur commodité, quand ils ont chaud, ou qu'ils ont quelque choſe à faire, mettent leurs cheveux derriere leurs oreilles ou ſous leur chapeau, cela eſt trés-mal honnête, & il eſt à propos de laiſſer toûjours pendre ſes cheveux naturellement. Il eſt auſſi de la modeſtie & de l'honnêteté de n'y pas toucher ſans néceſſité, & le reſpect qu'on doit avoir pour les autres, exige qu'on ne mette pas la main ſur ſes cheveux en leur préſence.

Qu'on ſe garde donc bien de paſſer pluſieurs fois la main platte ſur la tête en preſſant ſes cheveux, de les étendre ou boucler de chaque côté avec les doigts, d'y paſſer les doigts au travers, comme pour les peigner, ou de les ſecoüer indécemment, en branlant la tête ; ce ſont toutes manieres que la commodité ou la grossiereté ont fait inventer, & que l'honnêteté, la modestie & le respect pour le prochain ne peuvent souffrir.

Il est encore bien plus contre la bienséance d'avoir une perruque mal peignée, que ses cheveux mal peignez. C'est pourquoi ceux qui la portent, doivent avoir un soin tout particulier de la rendre propre, parce que les cheveux, dont elle est composée, n'ayant plus de soûtien par eux-mêmes, ont besoin d'être peignez & ajustez avec beaucoup plus de soin que les cheveux naturels pour être tenus dans la propreté.

Une perruque est beaucoup plus propre & bien plus convenable à la personne qui la porte, lors qu'elle est de la couleur de ses cheveux, que quand elle est ou plus brune ou plus blonde. Il y en a cependant qui la portent si frisée, & d'un blond si déchargé que cela sent plus la femme que l'homme.

Quoi qu'on ne doive pas fort négliger ces sortes de parures, lors qu'elles sont en usage ; il est néanmoins contre la bien-séance & la sagesse d'un homme d'employer bien du tems, & de se donner beaucoup de peine pour les rendre propres & les bien ajuster.

CHAPITRE IV.

Du Visage.

LE Sage dit que c'est à l'air du visage qu'on connoît un homme de bon sens ; c'est pour ce sujet que chacun doit faire ensorte de composer tellement son visage qu'il puisse en même tems, & se rendre aimable, & édifier le Prochain par son exterieur.

Pour être agréable aux autres, il faut n'avoir rien de ſevere ni de rebutant dans le viſage ; il ne faut pas auſſi qu'il y paroiſſe rien de farouche ni de ſauvage, il n'y faut voir rien de leger, & qui reſſente l'écolier ; tout y doit avoir un air de gravité & de ſageſſe. Il n'eſt pas non plus bien-ſéant d'avoir un viſage mélancolique & chagrin ; il ne faut jamais qu'il y ait rien qui reſſente la paſſion ou quelqu'autre affection déreglée.

Le viſage doit être gay ſans diſſolution, ni diſſipation, il doit être ſerain, ſans être trop libre ; il doit être ouvert, ſans donner des marques d'une trop grande familiarité. Il doit être doux ſans moleſſe & ſans rien faire paroître qui tienne de la baſſeſſe ; mais il doit donner à tous des témoignages ou de reſpect ou au moins d'affection & de bien-veillance.

Il eſt cependant à propos de compoſer ſon viſage ſelon les differentes affaires & occaſions qui ſe préſentent ; car comme on doit compâtir au prochain, & témoigner par ce qui paroît ſur le viſage, qu'on prend part à ce qui le touche, il ne faut pas avoir un viſage gay ni enjoüé, lors qu'on apporte quelque nouvelle triſte, ou qu'il eſt arrivé quelque accident fâcheux à quelqu'un, & il ne faut pas non plus avoir un viſage ſombre, lors qu'on vient dire quelque choſe d'agréable, & qui doit donner de la joye.

A l'égard de ſes propres affaires, un homme ſage devroit tâcher d'être toûjours le même, & avoir un viſage toûjours égal ; car comme l'adverſité ne doit point l'abattre, la proſperité ne doit point auſſi le rendre plus gay ; il doit avoir un viſage toûjours tranquile, qui ne change pas facilement de diſpoſition & de mouvement, ſelon ce qui lui arrivé d'agréable ou de desagréable.

Ces personnes dont le visage change à chaque occasion qui se présente, sont trés-incommodes, & on a bien de la peine à les supporter, tantôt ils paroissent avec un visage gay, tantôt avec un visage & un air mélancolique, quelquefois il marque de l'inquiétude, d'autres fois de l'empressement, tout cela fait reconnoître dans une personne qu'elle n'a point de vertu, & qu'elle ne travaille point à dompter ses passions, & que les manieres d'agir sont toutes humaines & naturelles, & nullement selon l'esprit du Christianisme.

Il ne faut pas non plus avoir un visage gay & libre à l'égard de toutes sortes de personnes.

Il est de l'honnêteté de faire paroître par son visage beaucoup de retenuë, lors qu'on se trouve avec des personnes à qui on doit un grand respect, & il est de la bien-séance d'avoir toûjours un air serieux & grave en leur presence. Il est aussi de la prudence de n'avoir pas un visage trop ouvert à l'égard des inferieurs, particulierement des domestiques; & si on est obligé d'avoir de la douceur & de la condescendance pour eux, il est aussi de consequence de ne se pas familiariser avec eux.

Pour ce qui est des personnes avec qui on est libre, & avec qui on converse ordinairement, il est à propos d'avoir un visage plus gay avec elles, afin de donner par-là plus de facilité & d'agrément à la conversation.

Il est de la propreté de se nettoyer tous les matins le visage avec un linge blanc pour le décrasser. Il est moins bien de le laver avec de l'eau, car cela rend le visage plus susceptible du froid en hyver, & du hâle en été.

C'est manquer à l'honnêteté de se frotter & de

ſe toucher en quelque endroit du viſage que ce ſoit, avec les mains nuës, principalement quand il n'y a pas de neceſſité ; s'il y a même quelque beſoin de le faire, comme pour ôter quelque ordure, il faut le faire legerement avec le bout du doigt, lors qu'on eſt obligé d'eſſuïer ſon viſage durant la chaleur, on doit pour cela ſe ſervir de ſon mouchoir, & ne pas frotter bien fort, ni avec les deux mains.

Il n'eſt pas bien-ſéant de ſouffrir des ordures ou de la bouë ſur ſon viſage ; il ne faut cependant jamais le nettoyer en préſence d'autres ; & s'il arrive qu'on y en remarque, lors qu'on ſe trouve en compagnie, on doit ſe couvrir le viſage avec le chapeau pour les ôter.

C'eſt une choſe trés-meſſéante qui tient trop de la vanité, & qui ne convient pas à des Chrêtiens de mettre des mouches ſur ſon viſage, & de le farder en y mettant du blanc & du vermillon.

CHAPITRE V.

Du Front, des Sourcils, & des Jouës.

IL eſt trés-indécent d'avoir le front ridé, c'eſt ordinairement la marque d'un eſprit inquiet & mélancolique, & il faut prendre garde qu'il n'y paroiſſe rien de rude, mais qu'il ait un air de ſageſſe, de douceur & de bien-veillance.

Le reſpect qu'on doit avoir pour les autres, ne permet pas lors qu'on parle de quelqu'un qu'on ſe frappe le front avec le bout du doigt, pour marque que c'eſt une perſonne arrêtée à ſon ſens & à ſon propre jugement, ou de frapper avec le doigt courbé ſur le front d'un autre, lors qu'on veut faire connoître qu'on a ce ſentiment de lui.

C'eſt une familiarité indécente que deux perſonnes ſe frottent, ou ſe frappent le front, même par jeu, l'une contre l'autre, cela ne convient nullement à des perſonnes raiſonnables.

Il eſt incivil de froncer les ſourcils; c'eſt une marque de fierté, & il faut toûjours les avoir étenduës; les élever en haut, c'eſt un ſigne de mépris, & les abaiſſer ſur les yeux, cela tient du mélancolique, il n'eſt pas à propos de les couper fort courts, car il eſt de la bien-ſéance qu'ils couvrent toute la chair, & qu'ils paroiſſent ſuffiſamment.

Le plus bel ornement des Jouës eſt la pudeur qui doit les faire rougir dans une perſonne bien née, quand on profere en ſa preſence quelque parole dés-honnête, quelque menſonge, ou quelque médiſance, il n'y a même que les inſolens & les effrontez qui puiſſent mentir hardiment; ou dire ou faire quelque choſe d'indécent, ſans avoir les jouës couvertes de rougeur.

Il eſt indécent de remuer trop les jouës, ou de les avoir trop abbatuës, il l'eſt encore beaucoup plus de les enfler, & c'eſt un effet ou d arrogance ou de quelque mouvement de colere fort violent.

Lors qu'on mange, il faut le faire de telle maniere que les jouës n'en ſoient pas plus élevées, & il eſt fort contre l'honnêteté d'avoir pendans ce tems les deux jouës toutes pleine de côté & d'autre, c'eſt une marque, que quand cela arrive, qu'on mange avec une extrême avidité, & cela ne peut être que l'effet d'une gourmandiſe tout-à-fait outrée.

Il ne faut jamais toucher ni ſes jouës, ni les jouës d'un autre, comme pour le flater; il faut bien ſe garder de les pincer à qui que ce ſoit, quand ce seroit même à un enfant, cela est de trés-mauvaise grace.

Il ne faut pas non plus prendre la liberté de toucher sur la jouë, quand ce ne seroit que pour rire & par maniere de jeu; toutes ces manieres d'agir sont des familiaritez, qui ne sont jamais permises.

Donner un soufflet sur la jouë, c'est faire une trés-grande injure à un homme, cela passe dans le monde pour un affront insupportable. L'Evangile conseille de le souffrir, & veut que les Chrétiens qui tâchent d'imiter Jesus-Christ dans sa patience, soient disposez & même tout prêts, aprés avoir reçû un soufflet, de présenter l'autre jouë pour en recevoir encore un second: mais il deffend de le donner, & ce ne peut être que la grande colere ou un sentiment de vengeance qui le fasse faire.

Un homme sage ne doit jamais lever la main pour donner sur la jouë, la bien-séance & l'honnêteté ne le permettent pas, non pas même à un domestique.

CHAPITRE VI.

Des Yeux & de la Vûë.

ON connoît si souvent, dit le Sage, par ce qui paroît sur les yeux, ce qu'une personne a dans le fond de son ame, & quelle est sa bonté ou sa mauvaise disposition, & quoi qu'on ne puisse pas s'en assûrer avec certitude, c'en est cependant une marque assez ordinaire. Ainsi l'un des premiers soins qu'on doit avoir pour ce qui regarde l'exterieur, est de bien composer ses yeux, & de bien régler sa vûë,

Une personne qui veut faire profession d'humilité & de modestie, & avoir un exterieur sage & posé, doit faire ensorte d'avoir les yeux doux, paisibles & retenus.

Ceux en qui la nature n'a pas donné cet avantage, & qui n'ont pas cet agrément, doivent tâcher d'en corriger le défaut par une contenance gaye & modeste, & avoir égard de ne pas rendre leurs yeux plus desagréables par leur négligence.

Il y en a qui ont des yeux affreux qui marquent un homme ou en colere ou violent ; il y en a d'autres qui ont toûjours les yeux extrêmement ouverts, & qui regardent avec hardiesse ; c'est l'ordinaire des esprits insolens qui n'ont de respect pour personne.

Il s'en trouve qui ont des yeux égarez & sans aucun arrêt, regardant tantôt d'un côté, & tantôt d'un autre, & c'est le propre d'un esprit leger.

Il s'en trouve aussi quelquefois qui ont les yeux si fort attachez à un objet qu'il semble qu'ils le veulent devorer des yeux, & cependant il arrive souvent que ces sortes de personnes ne font pas la moindre attention à l'objet qui leur est present, & ce sont ordinairement des gens qui pensent fortement à quelque affaire qui leur est bien à cœur, ou qui ont l'esprit vague sans l'arrêter à rien de déterminé.

Il y en a d'autres qui regardent fixement à terre, & quelquefois même de côté & d'autre, comme des personnes qui cherchent des yeux quelque chose qu'ils auroient perduë ; ce sont des esprits inquiets & embarassez, qui ne sçavent que faire pour se retirer de leur inquiétude.

Toutes ces manieres d'arrêter les yeux & de regarder, sont tout-à-fait contre la bien-séance &

l'honnêteté, & on ne peut les corriger qu'en tenant le corps & la tête droite, & les yeux modestement baissez, & en tâchant d'avoir un exterieur libre & engageant.

Comme il n'est pas séant d'avoir la vûë trop élevée; il ne faut pas aussi que ceux qui vivent dans le monde ayent la vûë trop basse, car cela a plus l'air d'un Religieux que d'un séculier : les Ecclesiastiques néanmoins & ceux qui prétendent de l'être, doivent tous paroître avec des yeux & un exterieur tout-à-fait retenu. Car il est de la bienséance à ceux qui sont engagez ou qui ont dessein de s'engager dans cet Etat, de s'accoutumer à la mortification de leurs sens, & de faire paroître par leur modestie, qu'étant consacrée à Dieu, ou voulant se consacrer à Dieu, ils ont l'esprit occupé de lui & de ce qui le regarde.

La régle qu'on peut prendre à l'égard des yeux, est de les avoir médiocrement ouverts, & à la portée de la grandeur de son corps, en sorte qu'on puisse voir distinctement & facilement toutes les personnes, avec qui on est; il ne faut pas cependant attacher ses yeux fixement sur qui que ce soit, particulierement sur des personnes de different sexe, ou qui sont superieures, & s'il est à propos de regarder quelqu'un, il faut que ce soit d'une maniere naturelle, douce & honnête, & qu'on ne puisse remarquer dans les regards aucune passion ni affection dereglée.

Il est trés-incivil de regarder de travers, car c'est un signe de mépris, & cela ne peut être permis tout au plus qu'aux maîtres à l'égard de leurs domestiques, pour les reprendre de quelque faute grossiere, dans laquelle ils seroient tombez, & il est aussi de mauvaise grace de remuer les yeux incessamment, de les cligner coup sur coup; cela est d'un petit génie.

Il n'est pas moins contre la bien-séance que contre la pieté de regarder legerement & curieusement tout ce qui se presente, & on doit faire en sorte de ne pas regarder de trop loin, & de ne regarder que devant soi, sans tourner ni la tête ni les yeux de côté & d'autre, mais comme l'esprit de l'homme est naturellement porté à tout voir & à tout sçavoir, il est bien necessaire de veiller sur soi pour s'en abstenir, & d'adresser souvent à Dieu ces paroles du Prophête Roi, *Mon Dieu, détournez mes yeux, & ne permettez pas qu'ils s'arrêtent à regarder des choses inutiles.*

C'est une grande incivilité de regarder par-dessus son épaule en tournant la tête, c'est mépriser les personnes avec qui on est, que d'en user ainsi. C'est aussi une trés-grande incivilité de regarder par derriere & par-dessus l'épaule d'un autre qui lit, ou qui tient quelque chose, pour voir ce qu'il lit, ou ce qu'il tient.

Il y a quelques défauts touchant la vûë qui tiennent si fort de la bassesse, ou de la legereté, qu'il n'y a ordinairement que des enfans ou des écoliers, qui puissent être capables d'y tomber, quelques grossiers que soient ces défauts; on ne doit pas être surpris qu'on les exprime ici, afin que les enfans s'en donnent de garde, & qu'on puisse veiller sur eux pour les empêcher de s'y laisser aller.

Il y en a quelquefois qui font des grimaces avec les yeux, pour se rendre affreux; il y en a d'autres qui contrefont les bigles & les louches, pour faire rire les autres. On en void bien quelques-uns qui éraillent leurs yeux avec leurs doigts, il s'en trouve

trouve aussi qui regardent avec un œil fermé, comme font les Arbalestriers, lors qu'ils tirent au but; toutes ces manieres de regarder, sont tout-à-fait inciviles & mal-honnêtes, & il n'y a point de personnes raisonnables ni d'enfans bien nez, qui ne regardent toutes ces grimaces, comme choses indignes d'un homme sage, à joindre que l'on s'en fait une habitude.

CHAPITRE VII.

Du nez, & de la maniere de se moucher & d'eternuer.

IL est indécent de froncer le nez, & ce sont ordinairement les railleurs qui le font; il est aussi mal-honnête & incivil de le remuer, il ne faut pas même y toucher ni avec la main, ni avec les doigts nuds.

Il est de la bien-séance de le tenir fort net, il est trés-vilain de le laisser remplir de morve; il faut donc le nettoyer souvent, afin de le tenir propre; car le nez est l'honneur & la beauté du visage, & il est la partie de nous même la plus apparente.

Il est trés-mal honnête de foüiller incessamment dans les narrines avec le doigt, & il est encore bien plus insupportable de porter ensuite dans la bouche ce qu'on a tiré hors des narrines, ou même le doigt qu'on vient d'y mettre, est capable de faire mal au cœur à ceux qui le voyent.

Il est vilain de se moucher avec la main nuë, en la passant par-dessous le nez, ou de se moucher sur la manche, ou sur ses habits; & c'est une chose trés-contraire à la bien-séance de se moucher avec deux doigts, & puis de jetter la morve à terre & d'essuyer ensuite ses doigts avec ses habits, car on sçait combien il est mal-séant de voir de telles ordures sur des habits, qui doivent toûjours être trés-propres, quelques pauvres qu'ils soient, parce qu'ils sont les ornemens d'un serviteur de Dieu, & d'un membre de Jesus-Christ.

Il y en a quelques-uns qui mettent un doigt contre le nez, & qui ensuite en soufflant du nez, poussent à terre l'ordure qui est dedans; ceux qui en usent ainsi, sont des gens qui ne sçavent ce que c'est que d'honnêteté.

Il faut toûjours se servir de son mouchoir pour se moucher, & jamais d'autre chose, & en le faisant, se couvrir ordinairement le visage avec son chapeau, ou au moins, si on est avec peu de personnes, & qu'on puisse facilement se détourner le visage de la vûë des autres, il faut le faire, & se moucher hors de leur présence.

On doit éviter, en se mouchant de faire du bruit avec le nez, de souffler trop haut avec les narrines, & de ronfler; car cela est de trés-mauvaise grace.

Lors qu'on est à table, il est à propos de se couvrir avec la serviette, & de se cacher le visage autant qu'on le peut, car il n'est pas là bien-séant de se moucher à découvert.

Avant que de se moucher, il est indécent d'être long-tems à tirer son mouchoir; & c'est manquer de respect à l'égard des personnes avec qui on est, de le plier en differents endroits pour voir de quel côté on se mouchera. Il faut tirer son mouchoir de sa poche, & se moucher promptement, & de maniere qu'on ne puisse presque pas être apperçû des autres.

Il faut bien se garder, aprés qu'on s'est mouché, de regarder dans son mouchoir, mais il est à propos de le plier aussi-tôt, & de le remettre dans sa poche.

Il n'est pas honnête de tenir son mouchoir à la main; ni de l'offrir à quelqu'un pour quoi que ce soit, quand même il seroit tout blanc, si cependant quelque personne le demande & presse de le donner, alors on peut le faire.

Lors qu'on se sent disposé à éternuer, il ne faut pas s'en empêcher, mais il est à propos de tourner tant soit peu son visage de côté & de le couvrir de son mouchoir, & puis éternuer le plus doucement & avec le moins de bruit qu'il est possible; il faut ensuite remercier honnêtement la compagnie qui aura salué, en lui faisant la reverence.

Quant quelqu'un étetnuë, il ne faut pas dire tout haut, *Dieu vous benisse*, ou *Dieu vous assiste*, on doit seulement, sans proferer aucune parole, se découvrir, & faire la réverence, & la faire profonde en se baissant tout bas, si c'est à l'égard d'une personne, à qui on doit beaucoup de respect.

C'est une pratique qui est assez en usage de prendre du tabac en poudre; il est cependant beaucoup mieux de ne le pas faire, particulierement lors qu'on est en compagnie: & il ne faut jamais le faire, lors qu'on est avec des personnes, à qui on doit du respect; mais il est trés-indécent d'en mâcher, & de s'en mettre des feüilles dans le nez; & il ne l'est pas moins de le prendre en pipe; cela n'est pas même supportable de le faire en présence des femmes.

Si une personne qualifiée prend du tabac devant ceux qui sont avec elle, & qu'elle leur en présente, le respect qu'elles lui doivent, les enpêche de le refuser, & s'ils ont quelque répugnance de le prendre par le nez, il suffit qu'ils en fassent semblant.

Si la coutume de prendre du tabac peut être permise aux hommes, étant si fort tolerée par l'usage, elle ne doit pas avoir lieu à l'égard des femmes, & il est tout à fait contre la bien-séance qu'elles s'en servent.

Il est aussi indécent à ceux qui en prennent, d'avoir toûjours un mouchoir à la main, & de leur voir un mouchoir plein d'ordures & de tabac; ce qui cependant ne peut pas manquer d'arriver à ceux qui prennent du tabac souvent par le nez.

Lors qu'on prend du tabac en compagnie, il faut que cela soit rare, & qu'on n'ait pas toûjours une tabatiere entre les mains, & les mains pleines de tabac; on doit aussi prendre garde qu'il n'en tombe pas sur le linge ni sur les habits; car il n'est pas honnête qu'on y en apperçoive, & afin que cela n'arrive pas, il en faut prendre peu à la fois.

CHAPITRE VIII.

De la Bouche, des Lévres, des Dents & de la Langue.

LA bouche ne doit être ni trop ouverte, ni trop fermée; & lors qu'on mange, il ne faut jamais avoir la bouche pleine, mais il faut manger avec une telle moderation qu'on puisse être en état de parler facilement, & d'être entendu distinctement, lors qu'il s'en présente quelque occasion.

Il est de l'honnêteté que la bouche soit toûjours

nette, & il eſt à propos pour cela de la laver tous les matins ; il n'eſt pas cependant honnête de le faire ni à la table, ni en préſence des autres.

La bien-ſéance ne permet pas d'avoir quoi que ce ſoit à la bouche, & ne veut pas qu'on tienne rien ni entre les lévres, ni entre les dents ; c'eſt pourquoi on ne doit pas y mettre, ni une plume, quand on écrit, ni des fleurs en quelque tems que ce ſoit.

Il eſt de mauvaiſe grace de ſerrer trop les lévres, ou même de les mordre, & il ne faut jamais les tenir entr'ouvertes, mais il eſt inſupportable de faire avec les lévres des mouës & des grimaces. La ſituation qu'on doit leur donner, eſt de les tenir toûjours jointes l'une contre l'autre doucement & ſans contrainte.

Il n'eſt pas bien-ſéant de faire trembler ſes lévres, lors qu'on parle, ni en aucune autre occaſion ; il faut les avoir toûjours ferme, & ne les remuer ordinairement que pour manger ou pour parler.

Il y en a quelquefois qui élevent tellement la lévre d'en haut, & abbaiſſe ſi fort celle d'en bas, que leurs dents paroiſſent quelquefois même toutes entieres, cela eſt tout-à-fait contre la bien-ſéance, qui ne veut pas qu'on voye jamais les dents à découvert, la nature ne les ayant couvertes de lévres que pour les cacher.

On doit faire enſorte d'avoit toûjours les dents trés-nettes, car il eſt trés-mal-honnête qu'on les voye noires, craſſeuſes ou pleines d'ordures. C'eſt pourquoi il eſt à propos de les nettoyer de tems en tems, particulierement le matin aprés avoir mangé ; il ne faut cependant le faire à table & devant le monde ; ce ſeroit manquer & d'honnêteté & de reſpect.

Il faut bien prendre garde de se servir de ses ongles, ou de ses doigts, ou d'un coûteau pour nettoyer ses dents ; il est de la bien-séance de le faire avec un instrument fait exprés, qu'on nomme *Cure-Dents*, ou avec un bout de plume taillée à propos pour le faire, ou avec un gros linge.

C'est ne sçavoir ce que c'est que d'honnêteté de grincer ou de craquer les dents ; on ne doit pas aussi les serrer trop fort en parlant, ni parler entre ses dents, c'est un défaut qu'on doit beaucoup s'appliquer à corriger, en ouvrant fort la bouche, lors qu'on parle à quelqu'un.

C'est une incivilité trés-grande de se prendre une dent avec l'ongle du poulce pour exprimer un dédain & un mépris de quelque personne ou de quelque chose, & il est encore plus mal de dire en le faisant, *je ne m'en soucie non plus que cela.*

C'est une chose honteuse & indigne d'une personne bien née de tirer la langue par mépris, ou pour refuser ce qu'un autre demande, & il est mal-honnête de l'avancer sur le bord des lévres, & de la remuer en la faisant passer d'un côté à l'autre ; il n'est pas moins incivil de metre la langue ou la lévre d'en-bas, sur la lévre d'en-haut, pour en tirer de l'eau ou de la morve, qui seroit tombée du nez, & de la reporter ensuite dans la bouche, il seroit bon pour ceux qui sont assez mal élevez pour tomber dans ces sortes de défauts, se servissent d'un miroir pour s'en corriger ; car ils ne pourroient sans doute se voir faire des choses aussi mal-honnêtes, sans les condamner.

Il est donc de la bien-séance que la langue soit toûjours renfermée par les dents, & ne sorte jamais au-delà, car c'est là tout l'enclos que la nature lui a donné.

CHAPITRE IX.

Du Parler & de la Prononciation.

COmme le parler ſe forme de la bouche, des lévres, des dents & de la langue, il paroît que c'eſt ici le lieu où on en doit parler.

Pour bien parler & ſe faire entendre des autres, il faut ouvrir entierement la bouche, & prendre garde de ne ſe pas précipiter en parlant, & de ne pas dire un ſeul mot à l'étourdi & à la legere, cela empêche ſur tout ceux qui ſont d'un temperament actif, de bien prononcer.

Lors qu'on parle, il faut faire enſorte de prendre un ton de voix doux & poſé, & aſſez élevé pour pouvoir être entendu de ceux à qui on parle, car on ne parle que pour ſe faire entendre. Il eſt cependant contre la civilité de crier en parlant, & de prendre un ton de voix auſſi haut, que ſi on parloit à des ſourds.

Une choſe à quoi l'on doit bien prendre garde en parlant, eſt qu'il n'y ait rien de rude, ni d'aigre, ni de hautain dans la voix : à quelque perſonne qu'on parle, il faut toûjours le faire avec un air d'honnêteté & de bien-veillance.

C'eſt une choſe ridicule de parler du nez, & afin que la mauvaiſe diſpoſition du nez ne donne pas occaſion de le faire, il faut prendre garde qu'il ne ſoit pas bouché, & qu'il ſoit toûjours fort net & ſans ordure.

Ceux qui ont la langue graſſe & qui veulent corriger ce défaut, doivent faire enſorte de fortifier leur voix en appuyant avec peine ſur les lettres, ou ſur les ſyllabes, qu'ils ne peuvent pas bien prononcer, cela leur rendra au moins la prononciation plus aiſée.

Il eſt de conſequence de s'appliquer à corriger ces défauts dans le bas âge, car il eſt enſuite preſque impoſſible de quitter l'habitude qu'on a priſe d'une certaine maniere de parler, & quoi qu'on voye bien dans un âge plus avancé qu'elle eſt meſſéante & deſagréable, on ne peut cependant s'en défaire & en prendre un autre.

Il eſt indécent de parler ſeul, c'eſt même une choſe qu'on ne doit faire ordinairement, & qui ne peut convenir qu'à un homme paſſionné ou ſans eſprit, ou à quelqu'un qui médite quelque choſe en lui-même, & prend des deſſeins ſur ce qui le regarde, & des meſures pour l'exécuter.

Une choſe qui eſt des plus importantes, quand on parle, eſt de bien faire ſonner toutes les lettres & toutes les ſyllabes, & de prononcer tous les mots ſéparement les uns des autres. Il faut auſſi ne pas manquer de prononcer la conſonne qui finit un mot, lorſque ce mot eſt ſuivi d'un autre qui commence par une voyelle, & on ne doit pas au contraire prononcer la conſonne finale, lorſque la premiere lettre du mot ſuivant eſt auſſi une conſonne.

Il y a deux ſortes de défauts à éviter dans la prononciation; les uns regardent la prononciation en elle-même, les autres regardent la maniere de prononcer.

A l'égard de la prononciation dans les diſcours ordinaires, il faut qu'elle ſoit égale & uniforme, & qu'on ne change pas à tout moment de ton, comme feroit un Prédicateur. Il faut auſſi qu'elle ſoit toûjours ferme, enſorte qu'on ne la baiſſe pas ſur la fin des mots; au contraire il faut prendre à tâche de prononcer plus fermement la fin des mots & des périodes que le commencement, afin qu'on puisse être toûjours bien entendu ; il faut aussi qu'elle soit entiere, sans obmettre une seule lettre ni syllabe, qu'on ne la prononce tout-à-fait bien. Il faut enfin qu'elle soit tellement exacte, qu'on n'y change jamais une lettre en une autre.

Il y a de differentes sortes de manieres de prononcer trés-messéantes, il y en a qui prononçent d'une certaine maniere molle, lente & même languissante ; les gens qui prononcent ainsi, sont trés-desagréables, & il semble qu'ils ayent toûjours à se plaindre en parlant. Cette prononciation marque en eux beaucoup de lâcheté & de molesse dans leur conduite. Ce défaut est plus ordinaire & est aussi plus tolérable dans les femmes que dans les hommes, & il n'y en a point cependant qui ne doivent s'éforcer de s'en corriger,

Il y en a d'autres, dont la prononciation est pesante & grossiere, & c'est le propre des Païsans, ils ne peuvent corriger ce défaut qu'en adoucissant le ton de voix, & en ne faisant pas sonner si fort les mots & les syllabes.

Il y en a quelques-uns dont la maniere de prononcer est dure & brusque ; & cette maniere de parler est fort mal-honnête. Il faut pour s'en défaire parler toûjours doucement, avec attention, & en témoignant aux autres de la bien-veillance.

Quelques autres ont la prononciation aiguë & précipitée ; le moyen dont ils peuvent se servir pour la changer, est de prendre toûjours un ton de voix ferme, & s'étudier à prononcer toutes les syllabes distinctement & avec attention.

La prononciation Françoise doit être en même tems ferme, douce & agréable. Pour apprendre à bien prononcer, il faut commencer par parler peu, dire toutes les paroles les unes aprés les autres avec moderation, prononcer distinctement toutes les syllabes & tous les mots, il faut sur tout ne converser ordinairement qu'avec des personnes qui parlent purement, & qui prononcent bien.

CHAPITRE X.

Du Bâiller, du Cracher & du Tousser.

IL est de la bien-séance de s'abstenir de bâiller, lors qu'on est avec d'autres personnes, sur tout, lorsque c'est des personnes à qui l'on doit du respect; car c'est témoigner qu'on est ennuyé ou de la compagnie, ou des discours de ceux avec qui l'on est, ou qu'on en fait peu d'estime, si cependant on ne se trouve obligé de le faire par necessité, on doit alors cesser entierement de parler & mettre sa main ou son mouchoir devant sa bouche, & se tourner un peu de côté, afin de n'être pas apperçû en le faisant par ceux qui sont présens. Il faut sur tout prendre garde en bâillant de ne rien faire qui soit indécent; il ne faut pas bâiller excessivement; il est trés-mal-séant de le faire avec bruit, & encore plus de s'allonger & de s'étendre en le faisant.

On ne doit pas s'abstenir de cracher, & c'est une chose vilaine d'avaler ce qu'on doit cracher; cela est capable de faire mal au cœur.

Il ne faut pas cependant s'accoûtumer à cracher trop souvent & sans necessité. Cela est non-seulement trés-mal-honnête; mais cela dégoûte & incommode tout le monde; il faut faire ensorte que le besoin en soit rare, lors qu'on se trouve en compagnie, principalement avec des personnes pour qui on doit avoir un respect particulier.

Il faut, quand on se trouve avec des personnes de qualité, & lors qu'on est dans des lieux qu'on tient propres, cracher dans son mouchoir en se tournant un peu de côté.

Il seroit aussi de la bien-séance que chacun s'accoutumât à cracher dans son mouchoir, lors qu'on est dans les maisons des Grands & dans toutes les places qui sont ou cirées ou parquetées; mais il est bien plus necessaire de prendre l'habitude de le faire, lors qu'on est dans l'Eglise. Le respect qu'on doit avoir pour ces lieux consacrez à Dieu, & destinez à y rendre à Dieu le culte qui lui est dû, demande qu'on les tienne trés-propres, & qu'on y fasse honneur; jusqu'au pavé même, sur lequel on marche; & cependant il arrive souvent qu'il n'y a point de pavé de cuisine, ou même d'écurie plus sale que celui de l'Eglise, quoi qu'elle soit la demeure & la maison de Dieu sur la terre.

Aprés avoir craché dans son mouchoir, il faut le plier aussi-tôt sans le regarder, & le mettre dans sa poche.

Il est fort mal-honnête de cracher par une fenêtre, ou dans le feu, ou sur les tisons, ou contre la cheminée, ou même contre la muraille, ou en quelqu'autre endroit, sur lequel on ne puisse pas marcher sur le crachat. Il est aussi contre la bien-séance de cracher devant soi en présence des autres, ou de le faire de trop loin, ensorte qu'on soit obligé d'aller chercher le crachat pour marcher dessus.

On doit avoir beaucoup d'égard de ne jamais cracher sur ses habits, ni sur ceux des autres; c'est être ou bien mal-propre, ou bien peu circonspect de le faire.

Il y a un défauts qui n'est pas moins considerable, dont il faut bien se donner de garde, qui est de ne pas jetter sa salive en parlant sur le visage de ceux à qui on parle : cela est trés-indécent, & tout-à-fait incommode.

Quand on apperçoit à terre quelque gros crachat, il faut aussi-tôt mettre adroitement le pied dessus ; si on en remarque sur l'habit de quelqu'un, il n'est pas séant de le faire connoîrre, mais il faut avertir quelque domestique de l'aller ôter, & s'il n'y en a point, il faut l'ôter soi-même, sans qu'on s'en apperçoive ; car il est de l'honnêteté de ne rien faire paroître à l'égard de qui que ce soit, qui lui puisse faire peine, ou lui donner de la confusion. Si quelqu'un a la bonté de nous rendre ce bon office, il faut lui en témoigner une reconnoissance toute particuliere.

Il y a quelques défauts touchant le cracher, ausquels on doit faire une attention trés-grande pour n'y pas tomber. Il y en a qui font beaucoup de bruit, & un bruit qui est même trés-desagréable en tirant les flegmes & les crachats comme par force du fond de la poitrine ; c'est ce qui arrive plus ordinairement aux vieillards. Cette maniere de cracher est fort mal-honnête. On doit avoir égard pour n'être pas incommode aux autres de ne pas faire de bruit, ou de n'en faire que trés-peu, lors qu'on crache.

Il y en a d'autres qui tiennent long-tems des crachats dans leur bouche ; cela est tout-à-fait contre la bien-séance qui veut qu'on crache aussi-tôt qu'on a le crachat sur la langue.

Il y en a même quelquefois (ce qui n'arrive

pour l'ordinaire qu'à des enfans) qui poussent avec leur langue des crachats & de la salive jusques sur le bord des lévres. Il s'en trouve qui crachent exprés sur d'autres, & il y en a qui crachent au plancher ou en l'air. Ces sortes de sottises & d'impertinences sont des incivilitez dont une personne bien née ne peut pas être capable.

On doit s'abstenir de tousser autant qu on le peut, & il faut sur tout prendre garde de ne le pas faire à table, quand on parle a quelqu'un, ou que quelqu un nous parle. On doit particuliérement ce respect à la parole de Dieu, lors qu'on l'écoute, afin aussi de ne pas empêcher les autres de l'entendre avec facilité. Mais il n'y a personne, qui lors qu'elle a besoin de tousser en compagnie, ne doive faire ensorte de le faire rarement & sans beaucoup de bruit.

CHAPITRE XI.

Du Dos, des Epaules, des Bras & du Coude.

IL est trés-indécent de baisser le dos, comme si on avoit un pesant fardeau sur les épaules; mais il faut s'accoûtumer & faire prendre l'habitude aux enfans de se tenir toûjours droit. Il faut aussi éviter avec soin d'élever les épaules, & de se faire un gros dos, & on doit avoir égard de ne pas tenir les épaules de travers & de ne pas baisser l une plus que l'autre.

La bien-séance ne permet pas, quand on marche, de tourner les épaules de côté & d'autres, comme le balancier d'un horloge, ni d'avancer l'une devant l'autre. Cela a l'air d'un esprit superbe, & d'une personne qui s'en fait accroire.

Il ne faut pas aussi tourner le dos, ni même tant soit peu les epaules, quand on parle à quelqu'un, ou que quelqu'un nous parle.

C'est une grande incivilité d'étendre & d'allonger les bras, de les tordre d'un côté ou d'un autre, de les tenir derriere le dos, ou de les mettre sur le côté, comme font quelquefois les femmes, lors qu'elles sont en colere, & qu'elles disent des injures à d'autres.

Il ne faut pas aussi remuer les bras en marchant, sous pretexte même par ce moyen d'aller plus vîte, & de faire plus de chemin.

On ne doit pas aussi avoir les bras croisez; c'est une modestie propre aux Religieux, & qui ne convient pas à des séculiers. La posture qui leur est bien-séante, est qu'ils soient posez en devant legerement contre le corps, en tenant les deux mains l'une dans l'autre.

Il est tout à fait contre la civilité de s'accouder en écoutant quelqu'un qui nous parle, il l'est encore plus de le faire étant à table, & c'est beaucoup manquer de respect à l'égard de Dieu de tenir cette posture en le priant.

Qu'on se garde bien de frapper quelqu'un ou de le pousser avec le coude, quand ce ne seroit que par familiarité ou par badinerie; on ne doit jamais en user ainsi, quand on veut parler à quelqu'un, ni même lui porter sa main sur le bras.

C'est une maniere d'agir bien rustique, de rebuter quelqu'un qui vient à nous pour nous parler, en levant le bras, comme pour le fraber & pour l'éloigner de nous, ou en le poussant rudement avec le coude, la douceur, l'humilité & le respect pour le prochain doivent toûjours se faire paroître dans nôtre conduite.

CHAPITRE XII.

Des Mains, des Doigts & des Ongles.

IL eſt de la bien-ſéance d'avoir & de s'entretenir toûjours les mains nettes, & il eſt honteux de paroître avec des mains noires & craſſeuſes, cela ne peut être ſupportable qu'à des manouvriers & à des païſans : Pour avoir les mains nettes, & propres, il faut les nettoyer tous les matins, les laver exactement avant les repas, & toutes les fois qu'il arrive pendant le jour qu'on les a ſalies en faiſant quelque ouvrage.

Il n'eſt pas décent aprés avoir ſali ou lavé ſes mains, de les eſſuyer à ſes habits ou à ceux des autres, ou à une muraille, ou à quelque endroit qui puiſſe ſalir quelqu'un.

C'eſt prendre bien de la liberté de ſe frotter les mains en préſence des perſonnes à qui on doit du reſpect, ſoit à cauſe du froid, ſoit par un ſentiment de joye ou pour quelqu'autre raiſon, on ne doit pas même le faire, lors qu'on eſt avec ſes amis les plus familiers.

Il eſt de mauvaiſe grace à des perſonnes du monde de cacher leurs mains ſous leurs habits, ou de les avoir croiſées lors qu'elles parlent à quelqu'un, ces contenances ſentent plus le religieux que le ſéculier. Il n'eſt pas même bien-ſéant à qui que ce ſoit de mettre les deux mains dans les deux poches, & les mettre ou retenir derriere le dos, c'eſt une groſſiereté qui tient d'un portefaix.

Il n'eſt pas honnête de donner des coups avec les mains en badinant avec quelqu'un, cela ſent l'Ecolier, & ne peut être fait que par quelque enfant volage & sans conduite.

Quand on parle dans la conversation, il ne faut ni frapper des mains, ni faire aucun geste, & on doit bien se garder de toucher les mains de ceux à qui on parle, ce seroit avoir bien peu d'honnêteté & de respect à leur égard, & encore beaucoup moins de tirer les boutons, les glans, la cravatte, ou le manteau à quelqu'un, ou même d'y porter la main.

C'est donner à une personne un témoignage d'amitié & d'union particuliere de mettre sa main dans la sienne par maniere de civilité : C'est pour ce sujet que cela ne se doit faire ordinairement, que par des personnes qui sont égales, l'amitié ne pouvant être qu'entre des personnes qui n'ayent rien l'une au-dessus de l'autre.

Il n'est jamais permis à une personne qui doit du respect à une autre de lui présenter la main pour lui donner quelque marque de son estime ou de son affection, ce seroit manquer au respect qu'on seroit obligé d'avoir pour cette personne, & user à son égard d'une familiarité trop indiscrette; si cependant une personne qui soit de qualité, ou qui soit superieure met la main dans celle d'une autre qui est de moindre qualité qu elle ou qui lui est inferieure, celle-ci s'en doit faire honneur, offrir sa main aussi-tôt, & recevoir cette faveur comme un témoignage singulier de bonté & de bienveillance.

Quand on donne la main à quelqu'un pour marque d'amitié, il faut toûjours présenter la main nuë, & il est contre la bien-séance d'avoir alors le gand à la main, mais quand on la présente pour retirer quelque personne de quelque mauvais pas,

ou

ou même à une femme pour la conduire, il est de l'honnêteté de le faire le gand à la main.

C'est ne pas sçavoir ce que c'est que bien-séance de montrer au doigt, ou un lieu, ou la personne de qui on parle, ou quelqu'autre qui soit éloignée, c'est une liberté qu'une personne qui est honnête, ne doit pas se donner, de se retirer les doigts l'un aprés l'autre pour les alonger ou pour les faire craquer : c'est aussi une chose ridicule & qui tient du rêveur de joüer du tembour avec les doigts, & il est vilain de cracher sur ses doigts.

Une personne sage ne doit jamais donner des coups avec ses doigts, non plus qu'avec la main, & ces coups de doigts pliez, qu'on nomme chiquenaude, lui doivent être tout-à-fait inconnu.

Il est trés-à-propos de ne pas laisser croître ses ongles, & de ne pas les avoir remplis d'ordures; c'est pour ce sujet qu'il est bon de prendre pour pratique de les couper tous les huit jours, & de nettoyer tous les jours l'ordure qui se met dedans.

Il est indécent de les couper, lors qu'on est en compagnie, particulierement quand on est avec des personnes à qui on doit du respect, & il ne faut pas les couper avec un couteau, ni les ronger avec les dents, il faut pour les rogner proprement, se servir de cizeaux & le faire en particulier, ou on est avec des personnes avec qui on vit ordinairement, se détourner d'elle quand on les coupe.

Gratter une muraille avec ses ongles, même pour en tirer une espece de sable pour dessecher l'écriture, gratter des livres ou quelqu'autre chose qu'on tient en main, faire des rayes avec l'ongle ou sur de la carte, ou sur du papier, mettre l'ongle dans quelque fruit ou dans quelqu'autre chose, se gratter soi-même, ou son corps, ou sa tête, toutes ses incivilitez sont si indécentes qu'on ne peut s'y laisser aller sans bassesse d'esprit, & qu'on ne doit y penser que pour s'en donner de l'aversion.

CHAPITRE XIII.

Des parties du Corps qu'on doit cacher, & des necessitez naturelles.

IL est de la bien-séance & de la pudeur de couvrir toutes les parties du corps, hors la tête & les mains, il est donc indécent d'avoir la poitrine découverte, d'avoir les bras nuds, les jambes sans bas, & les pieds sans souliers; il est même contre la loi de Dieu de découvrir quelques parties de son corps, que la pudeur aussi-bien que la nature obligent de tenir toûjours cachées.

On doit éviter avec soin, & autant qu'on le peut de porter la main nuë sur toutes les parties du corps qui ne sont pas ordinairement découvertes, & si on est obligé de les toucher, il faut que ce soit avec précaution.

Comme nous ne devons considerer nos corps que comme des temples vivans, où Dieu veut être adoré en esprit & en verité, & des tabernacles que Jesus-Christ s'est choisi pour sa demeure, nous devons aussi dans la vûë de ces belles qualitez qu'ils possedent, leur porter beaucoup de respect, & c'est cette considération qui nous doit particulierement engager à ne les toucher, & à ne les pas même regarder sans une necessité indispensable.

Il est à propos de s'accoûtumer à souffrir plusieurs petites incommodités, sans se tourner, frotter, ni gratter, sans se remuer, & sans tenir aucune autre posture qui soit indécente, car toutes ces sortes d'actions & de postures messéantes sont tout-à-fait contraires à la pudeur & à la modestie.

Il est bien plus contre la bien-séance & l'honnêteté de toucher ou de voir une autre personne, particulierement si elle est de sexe different, ce que Dieu défend de regarder en soi, c'est ce qui fait qu'il est trés-indécent de regarder le sein d'une femme, & encore plus de le toucher, & qui n'est pas même permis de la regarder fixement au visage.

Les femmes doivent aussi-bien prendre garde de se couvrir décemment tout le corps, & de se voiler le visage, selon l'avis de saint Paul; puis qu'il n'est pas permis de faire voir en soi ce qu'il n'est pas libre ni décent aux autres de regarder.

Lors qu'on est couché, il faut tâcher de tenir une posture si décente & si modeste, que ceux qui approchent du lit, ne puissent pas voir la forme du corps, il faut aussi avoir égard de ne se pas découvrir de telle maniere qu'on fasse voir aucune partie de son corps nuë, qui ne soit trés-décemment couverte.

Lors qu'on a besoin d'uriner, il faut toûjours se retirer en quelque lieu écarté, & quelqu'autres besoins naturels qu'on puisse avoir; il est de la bienséance aux enfans mêmes de ne les faire que dans des lieux où on ne puisse pas être apperçû.

Il est trés-incivil de laisser sortir des vents de son corps, soit par haut, soit par bas, quand même ce seroit sans faire aucun bruit, lors qu'on est en compagnie, & il est honteux & vilain de le faire d'une maniere qu'on puisse être entendu des autres.

Il n'est jamais séant de parler des parties du corps qui doivent toûjours être cachées, ni de certaines neceſſitez du corps, auquel la nature a aſſujetti les hommes, ni même de les nommer ; & ſi quelquefois on ne peut pas s'en diſpenſer à l'égard d'un malade ou d'une perſonne incommodée, on doit le faire d'une maniere ſi honnête, que les termes dont on ſe ſervira ne puiſſent en rien choquer la bien-ſéance.

CHAPITRE XIV.

Des Genoux, des Jambes & des Pieds.

LA civilité veut, que lors qu'on eſt aſſis, on tienne les genoux dans leur poſture naturelle, & il eſt indécent de les ſerrer de trop prés, & de les beaucoup éloigner ; mais il eſt ſur tout de mauvaiſe grace de les croiſer l'un ſur l'autre, principalement lors qu'on ſe trouve avec des femmes.

Il ſied trés-mal de remuer les jambes, quand on eſt aſſis ; mais c'eſt une choſe inſupportable de les branler, on ne doit même jamais les ſouffrir dans les enfans, tant cela eſt contraire à la bienſéance.

Mais les jambes l'une ſur l'autre, cela eſt de trés-mauvaiſe grace, & on ne doit jamais le faire, quand ce ſeroit devant ſes domeſtiques.

Il faut prendre garde de n'avoir pas les pieds ſuants, & qu'ils ne donnent pas de mauvaiſes odeurs, particulierement en Eté, car cela eſt quelquefois trés-incommode aux autres ; afin que cet inconvenient n'arrive point, il faut avoir ſoin de ſe tenir toûjours les pieds fort nets.

Lors qu'on eſt debout, il eſt de la bien-ſéance d'avoir les pieds à demi en dehors, & les talons ſéparez & éloignez environ de quatre doigts l'un de l'autre ; il eſt indécent de remuer ſouvent les pieds, & il eſt encore plus de battre les pieds contre la terre, comme font les chevaux.

Les eſprits naturellement rêveurs ou legers, doivent beaucoup faire attention ſur eux-mêmes pour ne pas tomber dans ces ſortes de défauts.

C'eſt une poſture qui ſent le lâche de tenir les pieds étendus en devant, & de ſe tenir tantôt ſur un pied & tantôt ſur l'autre.

Il ne faut pas faire paroître lors qu'on eſt avec d'autres que l'on ſoit las d'être debout, comme on peut le juger par ces ſortes de poſtures, principalement lors qu'on ſe trouve avec des perſonnes qui ſont ou par leur qualité, ou par leur dignité ſuperieure.

Ce qu'il y a particulierement à prendre garde dans la contenance des pieds, lors qu'on eſt aſſis, eſt de ne les pas frapper à terre coup ſur coup, l'un aprés l'autre, comme ſi l'on battoit le tambourg, de ne les pas branler & de ne les pas remuer en badinant, cela eſt enfant, & ne doit pas même être ſouffert dans les enfans, de ne les pas auſſi croiſer l'un ſur l'autre, de ne les pas tourner, poſant le derriere du talon ou la cheville du pied à terre, & de ne pas lever en l'air le devant des pieds, mais de les poſer tous deux entierement à terre, & de les y tenir fixement arrêtez.

Il faut auſſi avoir égard de ne pas écarter les talons, & de ne pas poſer le devant & le bout des deux pieds l'un contre l'autre.

On peut faire des fautes conſiderables contre la bien-ſéance à l'égard des pieds, lors qu'on marche, car il eſt trés-indécent alors de traîner les pieds ou de les porter de travers ; il faut auſſi bien prendre garde de ne les pas tenir trop en dehors ; il eſt trés-meſſéant de marcher ſur la pointe des pieds, il ne l'eſt pas moins de marcher en ſautant comme ſi on danſoit, ou de ſe frotter des talons l'un contre l'autre ; & il eſt tout-à-fait contre l'honnêteté & la modeſtie de frapper rudement avec les pieds la terre, le pavé ou le plancher.

Il faut bien ſe garder, lors qu'on eſt à genoux, de croiſer ſes pieds, on ne doit pas non-plus les ſerrer ni les trop écarter ; il eſt honteux alors de ſe ſeoir ſur ſes talons, c'eſt la marque d'un cœur efféminé & d'une ame baſſe, & ce ne peut être que l'effet d'une grande lâcheté, & d'une moleſſe tout-à-fait ſenſuelle.

Il eſt bien mal-honnête, & c'eſt même une choſe honteuſe de donner des coups de pieds à d'autres en quelque partie du corps que ce ſoit, cela ne peut être permis à perſonne, non pas même à un pere à l'égard de ſes domeſtiques.

Cette ſorte de punition eſt d'un homme violent & paſſionné, & non pas d'un Chrétien qui ne doit avoir ni faire paroître que de la douceur, de la moderation & de la ſageſſe dans toute ſa conduite.

LES REGLES DE LA BIEN-SEANCE. ET DE LA CIVILITE' CHRE'TIENNE.

SECONDE PARTIE.

De la Bien-séance dans les actions communes & ordinaires.

CHAPITRE PREMIER.

Du Lever & du Coucher.

QUoique la civilité ne régle rien touchant le tems qu'on doit être couché & l'heure à laquelle on doit se lever, il est cependant de la bien-séance de se lever dés le matin ; car outre que c'est un défaut de trop dormir, c'est une chose honteuse & insupportable, dit saint Ambroise, que le Soleil à son lever vous trouve dans le lit.

C'est aussi changer & renverser l'ordre de la

nature de faire du jour la nuit, & de la nuit le jour comme le font quelques-uns, c'est le démon qui engage à en user ainsi; comme il sçait que les tenebres donnent occasion au peché, il est bien-aise que nous fassions nos actions pendant la nuit, suivons plûtôt l'avis de saint Paul, laissons, dit-il, les œuvres des tenebres & marchons, c'est-à-dire, agissons avec bien-séance, comme il le faut faire durant le jour, servons-nous pour cela des armes de la lumiere, donnons la nuit au sommeil & employons le jour à faire toutes nos actions: nous aurions sans doute de la honte & de la confusion de faire pendant que le Soleil luit des œuvres de tenebres, & de mêler dans nos actions quelque chose de dereglée, lorsque nous pouvons être vûs.

Il est donc tout-à-fait contre la bien-séance, selon que S. Paul nous l'insinuë, de se coucher, comme font quelques personnes dés le commencement du jour, & de se lever vers le midi, & il est trés-à-propos, tant pour la santé que pour le bien de l'ame, de ne se pas coucher plus tard que dix heures, & de ne se pas lever plus tard que six heures du matin, on doit alors se dire à soi-même ces paroles de saint Paul, & en avertir ceux que la paresse retient dedans le lit: l'*heure est venuë qu'il faut nous réveiller de nôtre sommeil, la nuit est passée & le jour est avancé*, afin de pouvoir ensuite adresser à Dieu ces paroles du Prophete Roi: *Mon Dieu, mon Dieu, je veille à vous dés le matin.*

Il n'est pas d'une personne sage de se faire appeller plusieurs fois pour se lever, ni d'hesiter longtems à le faire: Aussi-tôt donc qu'on est éveillé il faut se lever promptement, &c.

Il est aussi bien indécent & peu honnête de s'amuser à causer, à badiner, ou à joüer sur son lit, le lit n'étant fait que pour délasser le corps fatigué de travail & des occupations qu'on a eûës pendant le jour, il ne faut s'en servir que pour reposer, & l'on ne doit plus par consequent s'y arrêter, lors qu'on n'a plus besoin de repos.

Il n'est pas aussi à propos qu'un Chrêtien se laisse aller à ces sortes de divertissemens & de badineries, qui effaceroient aisément les bonnes idées que l'on pourroit avoir dans l'esprit.

Aussi-tôt donc qu'on est éveillé, il faut se lever promptement & le faire avec tant de circonspection, qu'aucune partie du corps ne paroisse nuë, quand même on seroit seul dans sa chambre.

L'amour qu'on doit avoir pour la pureté aussi-bien que l'honnêteté doit engager ceux qui ne sont pas mariez, à ne pas souffrir qu'aucune personne de sexe different, entre dans la chambre où ils couchent, jusqu'à ce qu'ils soient entierement habillez, & que leur lit soit fait, c'est pourquoi il est à propos qu'ils ferment la porte de leur côté lors qu'ils sont dedans.

Lors qu'on sort du lit il ne faut pas se laisser découvert, ni mettre son bonnet de nuit sur quelque siége ou en quelqu'autre endroit, d'où il puisse être apperçû.

La bien-séance demande qu'on fasse son lit avant qu'on sorte de la chambre, ou s'il est fait par d'autres, qu'au moins on le recouvre honnêtement & de telle maniere qu'il paroisse comme s'il étoit fait, car il est trés-indécent de voir un lit découvert & mal accommodé.

Il faut aussi avoir soin de vuider ou faire vuider son pot de nuit dés qu'on est levé, & on doit bien se garder de le vuider par la fenêtre ou dans la ruë, cela eſt tout-à-fait contre l'honnêteté. On doit auſſi faire enſorte de le tenir ſi net qu'il ne s'y amaſſe point de craſſe au fond, & qu'il ne puiſſe pas cauſer de mauvaiſes odeurs, c'eſt pour cela qu'il faut le laver & rincer tous les jours.

Il eſt trés-incivil de faire paroître un pot de nuit devant quelqu'un, lors qu'il y a de l'urine dedans, & lors qu'on le va vuider ; c'eſt pourquoi il eſt à propos de prendre ſi bien ſon tems pour cela, qu'on ne ſoit ni vû ni apperçû de perſonne.

On doit être reglé dans le coucher auſſi-bien que dans le lever, & il n'eſt pas moins de conſéquence de bien faire cette derniere action de la journée que la premiere.

Il eſt de la bien-ſéance de ſe coucher ordinairement au plus tard environ deux heures aprés le ſouper.

Les enfans ne doivent pas aller coucher qu'ils n'ayent été auparavant ſaluer leur pere & leur mere, & qu'il ne leur ayent ſouhaitté le bon ſoir. C'eſt un devoir & un reſpect que la nature veut qu'ils leur rendent.

Comme on doit ſe lever avec beaucoup de modeſtie & donner en le faiſant des marques de ſa pieté, on doit auſſi pour le coucher d'une maniere chrétienne, ne le faire qu'aprés avoir prié Dieu, & avec l'honnêteté poſſible ; il faut pour cela faire en ſorte de ne ſe dés-habiller ni coucher devant perſonne, on doit ſur tout à moins qu'on ne ſoit engagé dans le mariage, ne ſe pas coucher devant aucune perſonne d'autre ſexe, cela étant tout-à-fait contre la pudeur & l'honnêteté.

Il eſt encore bien moins permis à des perſonnes de ſexe different de coucher dans un même lit, quand ce ne ſeroit que des enfans fort jeunes, il est aussi de l'honnêteté que des personnes d'un même sexe ne couchent pas ensemble : C'est ce que saint François de Sales a recommandé à Madame de Chantal à l'égard de ses enfans, lors qu'elle étoit encore dans le monde, comme une chose d'une trés-grande consequence, & qu'il regardoit autant comme une pratique de bien-séance, que comme une maxime de morale & de pieté chrétienne.

La bien-séance veut aussi qu'en se couchant on se cache à soi-même son propre corps, & qu'on en évite les moindres regards ; c'est ce que les peres & les meres doivent beaucoup inspirer à leurs enfans, afin de les aider à conserver le trésor de la pureté qui leur doit être trés-chere, & de se conserver en même tems le veritable honneur d'être membre de Jesus-Christ, & consacré à son service.

Aussi-tôt qu'on est dans le lit, il faut se couvrir tout le corps, horsmis le visage, qui doit toûjours être découvert ; il ne faut pas aussi que pour une plus grande commodité on s'y mette dans aucune posture indécente, ni que le prétexte qu'on en dormira mieux, l'emporte sur la bien-séance ; il n'est pas séant d'y retirer ses jambes, mais il faut les étendres, & il est à propos de se coucher, tantôt sur un côté, tantôt sur l'autre, car il n'est pas honnête de dormir étant couché sur le ventre.

Lorsque par une necessité indispensable on est contraint dans un voyage coucher avec quelqu'autre de même sexe, il n'est pas bien-séant de s'en approcher si fort qu'on se puisse non-seulement incommoder l'un l'autre, mais même se toucher, & il l'est encore moins de mettre ses jambes entre celles de la personne avec qui on est couché.

Il n'est pas non-plus honnête de parler lors qu'on

eſt couché, le lit n'eſt fait que pour ſe repoſer auſſi-tôt qu'on y eſt, il faut s'y diſpoſer à dormir.

On doit faire enſorte de ne faire aucun bruit, & de ne pas ronfler en dormant; il ne faut pas non plus dans le lit ſe tourner ſouvent de côté & d'autre, comme ſi on y étoit inquiet, & comme ſi on ne ſçavoit de quel côté ſe mettre.

CHAPITRE II.

De la maniere de s'habiller & de ſe dés-habiller.

C'Eſt le peché qui nous a mis dans la néceſſité de nous vétir & de couvrir nôtre corps d'habits : C'eſt pour ce ſujet que comme nous portons toûjours avec nous la qualité de pécheurs, nous ne devons auſſi jamais paroître, non-ſeulement ſans habits, mais ſans être même entierement vétu, c'eſt ce qu'éxige la pudeur auſſi-bien que la Loi de Dieu.

Quoi qu'un trés-grand nombre de perſonnes ſe donnent la liberté d'être ſouvent en robe de chambre, ſans aucun autre habit, & quelquefois même en pentoufle, & qu'il ſemble que pourvû qu'on ne ſorte pas de la maiſon, il ſoit permis de tout faire en cet état; c'eſt cependant avoir un exterieur trop négligé de reſter long-tems vétu de la ſorte.

Il paroît être contre la bien-ſéance de prendre ſa robe de chambre pour ſa commodité auſſi-tôt qu'on rentre chez ſoi, & de ſe faire voir en cet équipage : Il n'y a que des vieillards & des perſonnes incommodées à qui cela puiſſe être permis : Ce ſeroit même manquer de reſpect à l'égard de quelque perſonne qui ne fut pas inferieure de recevoir d'elle une visite en cet état.

Il est encore bien plut indécent de n'avoir point de bas en présence de quelqu'un, ou de n'avoir le corps couvert que de sa chemise ou d'un simple jupon, & il n'est pas supportable d'avoir un bonnet de nuit en tête lorsqu'on est hors du lit, à moins qu'on ne soit incommodé, puis qu'il n'est que pour s'en servir quand on repose. Il est trés-à propos de s'accoutumer à ne jamais parler à personne, si ce n'est à ses domestiques qu'on ne soit vêtu de tous ses habits ordinaires, cela est d'un homme sage & bien réglé dans sa conduite.

Il est aussi de l'honnêteté de s'habiller trés-proprement & de prendre d'abord les habits qui couvrent davantage le corps pour cacher ce que la nature ne veut pas qu'il paroisse. C'est ce qu'on doit toûjours faire par respect pour la Majesté de Dieu qu'on doit avoir continuellement devant les yeux.

Il y a des femmes ausquelles il faut des deux & trois heures, & quelquefois même des matinées entieres pour s'habiller, on pourroit dire d'elles avec justice que leur corps est leur Dieu, & que le tems qu'elles employent pour l'orner, elles le dérobent à celui qui est leur seul vivant & veritable Dieu, & au soin qu'elles sont obligées de prendre de leur famille & de leurs enfans, qu'elles doivent toûjours regarder comme des devoirs indispensables de leur état : Elles ne peuvent sans doute en user ainsi sans contrevenir à la Loi de Dieu.

Il est incivil & malhonnête de se déshabiller en présence des autres, & de se déchausser pour se chauffer les pieds nuds ; il n'est pas même séant, lors qu'on est en compagnie, de quitter les souliers ou d'élever les pieds pour se chauffer plus facilement, cela arrive quelquefais à des personnes qui cherchent leurs commodités, mais cela n'est nullement de la bien-séance.

Il est encore bien plus mal-honnête en se déchaussant, de faire sauter des ordures sur les personnes qui sont presentes, & c'est une chose honteuse de regarder dans ses bas, de les retourner, de les secoüer, d'en ôter l'ordure & de les décrotter en présence & à la vûë de quelqu'autres personnes, si ce n'est de ses domestiques, mais c'est quelque chose de bien plus insupportable de jetter en se déchaussant de l'ordure à quelqu'un dans le visage.

Comme il est de l'honnêteté, quand on s'habille, de mettre toûjours d'abord les habits qui couvrent davantage le corps, il est aussi de la bien-séance en se déshabillant de quitter ces mêmes habits les derniers de tous, afin de n'être pas apperçû sans être vétu d'une maniere décente.

Lors qu'on se déshabille, il faut avoir soin de placer ses habits proprement ou sur un siege, ou en quelqu'autre endroit qui soit propre, où on puisse facilement les retrouver le lendemain, sans qu'on soit obligé de les chercher.

On pourroit les mettre sur son lit pendant l'hyver si on n'avoit rien autre chose pour se couvrir: mais en ce cas, il faut avoir soin de les retourner afin de ne les pas salir, il seroit cependant plus à propos de ne s'en pas couvrir.

CHAPITRE III.

Des Habits.

ARTICLE PREMIER.

De la proprete & de la mode des Habits.

LA propreté dans les habits est une des choses qui regardent le plus la bien-séance, elle sert même beaucoup à faire connoître l'esprit & la conduite d'une personne, elle donne aussi souvent une bonne idée de sa vertu qui n'est pas sans fondement.

Pour que les habits soient propres, il faut qu'ils conviennent à la personne qui s'en sert, & qu'ils soient proportionnez à sa taille, à son âge & à sa condition.

Rien n'est plus mal-séant qu'un habit qui ne convient pas à la taille de la personne qui le porte ; cela défigure tout un homme, particulierement lors qu'il est trop ample, & qu'il a ou plus de largeur, ou plus de longueur qu'il ne convient à la personne qui s'en sert. Il vaut mieux ordinairement qu'un habit soit plus court & plus étroit qu'il ne doit être, que d'être ou trop large ou trop long.

Il faut aussi, pour qu'un habit soit propre, avoir égard à l'âge de la personne pour qui on le fait ; car il n'est pas de la bien-séance qu'un enfant soit vêtu comme un jeune homme, ni que l'habit d'un jeune homme ne soit pas plus orné que celui d'un vieillard.

Il seroit, par exemple, contre la bien-séance

qu'un garçon de quinze ans fût vêtu de noir, à moins qu'il ne fût Ecclesiastique, ou qu'il ne se disposât à l'être dans peu de tems ; il paroîtroit ridicule qu'un jeune homme qui pense à se marier, eût un habit aussi simple & aussi nud qu'un vieillard de soixante & dix ans, & ce qui convient à l'un n'est pas assûrément propre à l'autre.

Il n'est pas moins de conséquence que la personne qui se fait faire un habit, ait égard à sa condition, car il ne seroit pas séant qu'un pauvre fût vêtu comme un riche, & qu'un roturier voulût être habillé comme une personne de qualité.

Il y a de certains habits, comme sont des habits unis, & d'un drap qui ne soit pas fort fin, & qui sont d'un usage commun, & dont presque tout le monde, hors les pauvres peuvent se servir, quoi qu'il paroisse plus de la bien-séance que les Artisans laissent les habits de drap pour les personnes qui sont d'une condition élevée au-dessus de la leur.

Pour ce qui est des habits qui ont quelque ornement, ils ne conviennent qu'à des personnes qui sont d'une condition distinguée.

Un habit galonné d'or ou d'une étoffe précieuse ne sied bien qu'à une personne de qualité ; & un roturier qui voudroit en porter un de cette nature, se feroit mocquer de lui ; outre qu'il feroit une dépense qui seroit sans doute desagréable à Dieu, étant au-dessus de ce que demande sa condition, & de ce que ses facultez lui peuvent permettre. Il seroit aussi trés-indécent à un marchand de porter un plumet sur son chapeau, & une épée à son côté.

Les Femme doivent de même conformer leurs habits à leur condition, & s'il peut être tolerable à une

une femme de qualité d'avoir une jupe brodée d'or, cela ne convenant néanmoins gueres à une Chrétienne, cela seroit impertinent à une Bourgeoise; elle ne pourroit non plus avoir un collier de perle fine, ou quelque diament considerable, sans s'élever au-dessus de sa condition.

La trop grande négligence dans les habits n'est pas moins à éviter que la trop grande curiosité. Ces deux excés sont également blamables, l'affection est contraire à la Loi de Dieu qui condamne le luxe & la vanité dans les habits & dans tous les ornemens exterieurs: La négligence dans les habits est une marque, ou qu'on ne fait pas d'attention à la présence de Dieu, ou qu'on n'a pas assez de respect pour lui; elle fait aussi connoître qu'on n'a pas de respect pour son propre corps, qu'on doit cependant honorer comme le Temple animé du Saint Esprit, & le Tabernacle, où Jesus-Christ a la bonté de vouloir bien se reposer souvent.

Si on veut donc avoir un habit qui soit propre, il faut suivre la coûtume du Païs, & s'habiller à peu prés comme les personnes de sa condition & de son âge. Il est cependant de conséquence de prendre garde qu'il n'y ait ni luxe ni rien de superflus dans ses habits, & on doit en retrencher tout le faste & ce qui ressent la mondanité.

Ce qui peut le mieux régler la propreté des habits & la mode, on doit indispensablement la suivre; car comme l'esprit de l'homme est fort sujet au changement, & que ce qui lui plaisoit hier, ne lui plaît pas aujourd'hui. On a inventé, & on invente tous les jours de differentes manieres de s'habiller pour satisfaire cet esprit changeant; & qui voudroit s'habiller aujourd'hui comme on s'habilloit il y a trente ans, passeroit pour ridicule & pour singulier. Il est cependant de la conduite d'un homme sage de ne jamais se faire distinguer en rien.

On nomme *Mode* la maniere dont on fait les habits dans le tems présent; on doit s'y conformer aussi-bien dans le chapeau & dans le linge que dans les habits, & ce seroit contre la bien-séance qu'un homme portât un chapeau à haute forme & à grands bords, lorsque tout le monde en a un d'une forme basse & de petit bord.

Il ne faut pas cependant donner d'abord dans toutes les modes; il y en a qui sont capricieuses & bizarres, comme il y en a qui sont raisonnables & bien-séantes, & de même qu'il ne faut pas s'opposer à celles-ci, il ne faut pas suivre aussi indiscretement les autres qui ordinairement ne sont suivies que par un petit nombre de personnes, & ne sont pas de longue durée.

La régle la plus sûre & la plus raisonnable touchant les modes, est de n'en être pas l'inventeur, de n'être pas des premiers à s'en servir, & de ne pas attendre qu'il n'y ait plus personne qui les suive pour les quitter.

Pour ce qui est des Ecclesiastiques, leur mode doit être d'avoir un exterieur & des habits conformes aux Ecclesiastiques les plus pieux & les plus réglés dans leur conduite, suivant en cela l'avis que donne Saint Paul de ne se pas conformer au siécle.

ARTICLE II.

De la Modestie & de la Netteté des habits.

LE moyen de donner des bornes à la mode, touchant les habits, & d'empêcher ceux qui la suivent de se porter à des excés, est de la soumettre & la réduire à la modestie qui doit être la régle de la conduite d'un Chrétien dans tout ce qui regarde l'exterieur. Pour avoir des habits modestes, il faut qu'il n'y ait aucune apparence de luxe, ni de vanité. C'est aussi une marque de bassesse d'esprit que de s'attacher à des habits & d'en rechercher d'éclatans & de somptueux, & ceux qui le font, se rendent méprisables à toutes les personnes de bon sens; mais ce qui est bien plus considerable, c'est qu'ils renoncent publiquement aux promesses qu'ils ont contractées dans le Baptême & à l'esprit du Christianisme; ceux au contraire qui méprisent ces sortes de vanitez, donnent des marques qu'ils ont un grand cœur & un esprit fort élevé; ils font en effet paroître qu'ils s'appliquent plus à orner leur ame de vertus, qu'à donner de l'agrément à leur corps, & font connoître par la modestie de leurs habits la sagesse & la simplicité de leur ame.

Comme les femmes sont naturellement moins capables de grandes choses que les hommes, elles sont aussi plus sujettes à rechercher la vanité & le luxe dans les habits, que ne font pas les hommes. C'est pour ce sujet que saint Paul aprés s'être appliqué à exhorter les hommes d'éviter les vices les plus grossiers, dans lesquels ils tombent plus facilement que les femmes, il recommande ensuite aux femmes d'être modestement vétuës, de se parer de pudeur & de chasteté, & de ne pas s'orner d'or, ni de perles, ni d'habits somptueux, mais d'être habillez, comme le doivent être des femmes qui montrent par leurs bonnes œuvres, qu'elles font profession de pieté.

Aprés cette régle du grand Apôtre, il n'y a

rien à prescrire aux Chrétiens que de la suivre; & d'imiter en cela les Chrétiens des premiers siécles qui édifioient tout le monde par la modestie & la simplicité de leurs habits.

Il est honteux aux hommes, comme il s'en trouve quelquefois d'être efféminez, que de se plaire à avoir des habits fort riches, & de vouloir se faire considerer par là; ils devroient bien élever leur esprit plus haut, en faisant attention que les habits sont des marques honteuses du peché, & se regardant d'ailleurs comme nez pour le Ciel, ils devroient mettre leur soin à rendre leur ame belle & agréable à Dieu.

C'est le conseil que saint Pierre donne aux femmes; même en leur disant de mépriser ce qui paroît au dehors, & de ne se point parer du tout de riches habits; mais d'orner au-dedans l'homme du cœur par la pureté incorruptible d'un esprit tranquile & modeste, qui est trés-riche devant Dieu.

Il faut particulierement avoir soin de tenir toûjours ses habits fort nets; la modestie & la bienséance ne peuvent rien souffrir de sale & de négligé. Ainsi ceux qui laissent leurs habits, leur chapeau, leurs souliers tout blanc de poussiere, pechent contre la modestie, aussi-bien que ceux qui sortent & qui paroissent au-dehors avec des habits crottez; c'est toûjours en eux la marque d'une grande négligence.

Il est aussi trés-messéant de souffrir de la graisse ou des taches sur ses habits, & les avoir sales & déchirés; c'est une marque d'un homme de basse condition & de peu de conduite.

On ne doit pas avoir le linge moins propre & net que les habits; il faut pour cela prendre garde de ne pas laisser tomber de l'ancre sur son linge quand on écrit, & de ne le pas salir par sa négligence, soit en mangeant, soit en faisant quelqu'autre chose : il faut aussi en changer souvent, & au moins tous les huit jours, & faire ensorte qu'il soit toûjours blanc.

ARTICLE III.

Du Chapeau, & de la maniere de s'en servir.

LE Chapeau sert à l'homme pour orner sa tête aussi-bien que pour le garantir de plusieurs incommoditez, le porter sur son oreille, le mettre trop fort sur le devant de la tête, comme si on vouloit cacher son visage, le porter sur le derriere de la tête, ensorte qu il tombe sur les épaules, sont toutes manieres ridicules & indécentes, mais en relever le bord sur le devant aussi haut que la forme, c'est une affectation de fierté qui n'est pas supportable. Lors qu'on saluë quelqu un, il faut prendre son chapeau avec la main droite, & l'ôter entierement de dessus sa tête, & d'une maniere qui soit honnête, en étendant le bras jusqu'en bas, & en tenant le chapeau par le bord, & le côté qui doit couvrir la tête tourné en dehors ; si on ôte son chapeau dans les ruës, ou en passant devant quelque personne pour la saluer, on doit le faire un peu avant que d'être auprés d'elle, & ne pas se recouvrir qu'on ne soit un peu éloigné de cette personne ; si on saluë quelqu'un en l'abordant, il faut ôter son chapeau cinq ou six pas avant que d'en approcher, & lors qu'on entre dans une place, où il y a une personne de qualité, ou à qui on doit beaucoup de respect, il faut toûjours ôter son chapeau, a vant que d'entrer dans cette place; si ceux qui sont dans la place sont debout & découverts, on eſt obligé de ſe tenir dans la même poſture ; aprés avoir ôté ſon chapeau avec bien de l'honnêteté, il faut tourner le dedans vers ſoi, & le mettre ſous le bras gauche, ou devant ſoi ſur l'eſtomach du côté gauche ; lors qu'étant aſſis, on eſt obligé d'avoir le chapeau bas, il eſt de la bienſéance de le tenir ſur ſes genoux, le dedans tourné vers ſoi, & la main gauche ou deſſus ou deſſous.

C'eſt une grand incivilité, lors qu'on parle à quelqu'un de tourner ſon chapeau, de gratter deſſus avec les doigts, de battre le tambour deſſus, de toucher la laiſſe ou le cordon, de regarder dedans ou tout autour, de le mettre devant ſon viſage, ou ſur ſa bouche, enſorte qu'on ne puiſſe pas être entendu en parlant ; c'eſt quelque choſe de bien plus vilain de mordre les bords, lors qu'on le tient devant ſa bouche.

Les occaſions dans leſquelles il faut ſe découvrir, & ôter ſon chapeau, ſont, 1. Lors qu'on ſe trouve dans un lieu, où il y a des perſonnes conſiderables, 2. Quand on ſaluë quelqu'un, 3. Quand on donne ou qu'on reçoit quelque choſe, 4. En ſe mettant à table, 5. Quand on entend prononcer le ſaint Nom de Jeſus, & de Marie, excepté lors qu'on eſt à table ; car alors il faut ſeulement baiſſer la tête, 6. Lors qu'on eſt devant des perſonne à qui on doit beaucoup de reſpect, comme lors qu on eſt avec des Eccleſiaſtiques, des Magiſtrats & d'autres perſonnes conſidérables. A l'égard de ſes perſonnes, on doit ſe découvrir d'abord, mais il n'eſt pas neceſſaire de ſe tenir découvert, à moins qu'on ne leur ſoit beaucoup inferieur : on doit auſſi ſe découvrir devant toutes les perſonnes qui ſont ſuperieures, & ne pas ſe recouvrir que par leur ordre ; mais aprés s'être couvert, il ne faut pas se découvrir à chaque parole qu'on dit, ou à chaque pas qu'on fait, cela seroit importun & incommode aux personnes à qui on parle aussi-bien qu'à la personne qui parle.

Il est contre la bien-séance de se découvrir, lors qu'on est à table, à moins qu'il n'y survienne quelque personne qui mérite beaucoup d'honneur.

Si cependant quelque personne de haute qualité boit à la santé de quelqu'un, ou lui présente quelque chose, celui à qui elle s'adresse, doit se découvrir. S'il y a à table quelque personne de haute qualité, qui soit sans chapeau pour sa commodité, il ne la faut pas imiter ; cela seroit trop familier ; mais on doit toûjours demeurer couvert.

Lors que quelqu'un parle le chapeau bas, il faut toûjours ordinairement le faire couvrir si on lui est superieur, & on peut lui dire, *couvrez-vous, Monsieur.* Cette maniere de parler n'est cependant permise qu'à l'égard des personnes qui sont beaucoup au-dessous de soi.

Faire couvrir quelqu'un qui est au-dessus de soi, c'est une trop grande incivilité. Cela se peut bien faire à l'égard des personnes avec qui on est familier, & qui sont d'égale condition ; mais il ne faut pas que ce soit par maniere de commandement, ni qu'on se serve de paroles qui en expriment aucun : on doit le faire ou seulement par signe, & se couvrir en même tems, ou par quelque circonlocution, en disant, par exemple : *Vous pourrez, Monsieur, être incommodé d'être découvert* ; ou se servant de paroles familieres, si on est avec quelqu'un de ses amis, comme de celle-ci : *Ne voulez-vous pas bien que nous nous couvrions.*

ARTICLE IV.

Du Manteau, des Gans, des Bas & des Souliers, de la Chemise & de la Cravate.

L'Honnêteté demande qu'on porte le manteau sur les deux épaules, & qu'il pende par devant, & non pas qu'on le retrousse par dessus les bras; il est encore plus messéant de le replier par dessous le coude, & il est de la bien-séance de le garder à table.

Il ne faut pas entrer dans un lieu où sont des personnes considerables, enveloppé dans son manteau; dans les maisons des Princes on s'exposeroit à quelques réprimandes, ou même à en être chassé.

Il est incivil de tirer par le manteau ou par la robe une personne à qui on veut parler; particulierement si elle est de qualité ou superieure.

Il est dans la bien-séance d'avoir les mains dans ses gands, quand on marche par la ruë; quand on est en compagnie, & quand on va à la campagne, & il est indécent de les tenir dans sa main, les remüer & badiner avec, s'en servir pour donner des coups à quelqu'un; cela sent l'Ecolier.

Il faut ôter ses gands, quand on entre dans l'Eglise, avant que de prendre de l'eau benite, quand on veut prier Dieu, & avant que de se mettre à table.

Lors qu'on veut saluër quelqu'un, & lui faire une profonde réverence, comme pour baiser la main, il faut avoir alors la main nuë, & il suffit pour cela d'ôter le gand de la main droite; c'est aussi ce que la bien-séance veut que l'on fasse avant que de donner ou de recevoir quelque chose.

Il est incivil en compagnie de tirer & de mettre incessamment ses gands ; il est aussi mal-honnête de les porter à sa bouche pour les ronger ou les succer, de les porter sous le bras gauche, de mettre seulement le gand de la main gauche, & de tenir avec cette main le gand de la droite, ou de les mettre dans sa poche, lors qu'on devroit avoir les mains dedans.

Il est trés-vilain de laisser tomber ses bas sur ses talons, faute de les attacher : il faut avoir soin de les bien tirer, afin qu'ils ne fassent pas de plis sur la jambe ; & on ne doit jamais souffrir qu'ils paroissent tant soit peu déchirez, ou qu'il y ait quelque piece qui sorte hors du soulier, ni qu'ils soient tellement serrez, qu'on puisse voir la jambe à travers.

A l'égard des souliers, il faut prendre garde qu'ils soient proprement serrez avec des boucles, ou liez avec des cordons.

Il est mal-honnête de mettre ses souliers en pantoufle, soit dans la maison, soit dehors, & il est de la bien-séance de les avoir toûjours fort nets.

Il faut toûjours tenir ses habits tellement fermez par devant, particulierement sur la poitrine, que la chemise ne paroisse pas, & c'est une négligence qui ne seroit pas pardonnable de laisser tomber les manches de sa chemise sur le poignet, faute de les attacher, ou de laisser traîner les cordons de son caleçon ; ce seroit même s'attirer de la confusion de laisser passer sa chemise par quelque endroit.

La bien-séance ne souffre point qu'on ait le col nud & à découvert ; mais elle veut qu'on ait toûjours une cravate autour, lors qu'on paroit & lors qu'on est dans la maison, soit déshabillé, soit incommodé, qu'on y ait un mouchoir honnête pour le couvrir.

ARTICLE V.

De l'Epée, de la Baguette, de la Canne & du Bâton.

IL est trés-messéant, & tout-à-fait contre l'ordre d'une Police bien réglée, qu'un Bourgeois porte l'épée, à moins qu'il ne soit en voyage ou en campagne. Un enfant néanmoins la peut porter, s'il est gentil-homme.

Il est incivil de tourner le baudrier de son épée devant soi, & encore plus de mettre son épée entre ses jambes.

Il ne faut pas tenir la main sur la garde de son épée, lors qu'on parle à quelqu'un, ou qu'on se promene; il suffit de l'y mettre, quand on est obligé de la tirer.

Quelque homme de cœur que puisse paroître celui qui est toûjours prêt à tirer l'épée, lors qu'on lui dit quelque parole de travers, ou qu'on lui veut faire quelque insulte, qu'il s'assûre cependant que cela n'est ni honnête ni Chrétien. Car ce n'est que la passion & l'amour d'un honneur vain & imaginaire, qui le fait agir ainsi. Il est donc contre la bien-séance d'être si prompt à se défendre de quelque injure, ou de quelque outrage, & les régles de l'Evangile veulent qu'on souffre patiemment les injures.

Jesus-Christ même commanda à saint Pierre de remettre son épée dans le fourreau, lors qu'il voulut s'en servir pour le défendre.

Quand on est assis, il faut placer son épée à son côté, en tirant le baudrier ou le ceinturon derriere soi le plus qu'on peut; on doit faire la même chose, lors qu'on se met à table, & prendre garde que l'épée soit derriere soi, ou tellement entre les siéges qu'elle ne puisse incommoder personne; il n'est pas à propos de la quitter dans cette occasion.

Lors qu'on est obligé de quitter son épée, il ne faut ni la quitter sans ses gands, ni la mettre sur le lit avec ses gands, ce seroit commettre une grande incivilité; Il faut les placer dans un endroit commode qui soit hors de la vûë des personnes qui peuvent entrer dans la chambre, ou avec qui l'on est.

S'il arrive que quelque personne de grande qualité entre dans le logis de quelqu'un qui a droit de porter l'épée, il doit la recevoir les gands à la main, & l'épée au côté; pour ceux qui ne portent pas l'épée, il faut qu'ils ayent les gands en main & le manteau sur les deux épaules.

La bien-séance engage quelquefois de se servir d'une canne: mais ce ne peut être que la nécessité qui permette d'avoir un bâton en main.

Il est mal-séant de porter une baguette, ou une petite canne chez les grands; mais on y peut avoir une grosse canne à la main, si on est incommodé, ou qu'on en ait besoin pour se soutenir, ou pour marcher avec plus de facilité.

Il est aussi trés-incivil de badiner avec une baguette ou une canne, & de s'en servir pour frapper la terre & les cailloux, ou pour faire sauter des petites pierres; il est tout-à-fait indécent de la lever, comme si on vouloit frapper quelqu'un, & il n'est jamais permis de s'en servir pour toucher quelqu'un avec, quand ce ne seroit que par récréation.

Quand on est debout, il ne faut point s'appuïer indécemment sur sa canne ni sur sa baguette, comme font les païsans. Il ne faut pas non plus la tenir ferme contre terre, comme on feroit d'un bâton qui marqueroit quelque dignité, ou quelque autorité dans la perſonne; il eſt à propos de la tenir ſuſpenduë en l'air d'une maniere honnête & modeſte, ou de la laiſſer toucher à terre ſans s'y appuyer.

En marchant il eſt contre la bien-ſéance de porter une canne ou une baguette ſous le bras; il ne l'eſt pas moins de la traîner négligemment dans la bouë, & il eſt ridicule de s'appuyer deſſus d'une maniere qui reſſente l'orguëil & le faſte; & lors qu'on fait des geſtes & quelqu'autre choſe, il eſt trés-meſſéant de tenir une canne ou une baguette à la main gauche.

Lors qu'on eſt aſſis, il ne faut pas ſe ſervir d'une baguette ou d'une canne pour écrire ſur la terre, ou pour y faire des figures; cela marque qu'on eſt ou réveur ou mal-élevé; il n'eſt pas bon auſſi de mettre ſa canne ſur des ſiéges; mais il faut la tenir devant ſoi d une maniere honnête.

Avant que de ſe mettre à table, il ne faut jamais mettre ſa baguette ou ſa canne ſur le lit, cela eſt incivil; mais il faut la placer hors de la vûë du monde; ſi on porte un bâton, on peut l'appuyer contre la muraille. On doit toûjours quitter la baguette & la canne, lors qu'on quitte l'épée & les gands.

CHAPITRE IV.

De la Nourriture.

C'Eſt une inclination ſi naturelle à l'homme de chercher ſon plaiſir dans le boire & dans le manger, que saint Paul exhortant les Chrétiens de faire toutes leurs actions pour l'amour & pour la gloire de Dieu, a crû être obligé d'exprimer, particulierement celle du boire & du manger, parce qu'il est trés-difficile de manger sans offenser Dieu, & que la plûpart des hommes ne mangent que comme des bêtes & pour se satisfaire.

Il n'est pas cependant moins contre la bien séance que contre les régles de l'Evangile de faire paroître que l'on a de l'attache au boire & au manger, & ce seroit selon l'expression de Saint Paul, mettre sa gloire dans ce qui nous doit être un sujet de confusion. C'est pourquoi il est d'un homme sage de peu parler de cette action, & de ce qui la regarde; & quand on est obligé d'en parler, on doit le faire sobrement & avec circonspection, ensorte qu'il paroisse qu'on n'y a aucune attache, & qu'on ne recherche nullement les morceaux. Il n'est pas honnête ni bien-séant, de parler d'une maniere avantageuse d'un festin ou d'un repas où on s'est trouvé, ni de ceux où on est invité, & de prendre plaisir à faire récit de ce qu'on y a mangé, ou de ce qu'on y doit manger.

L'un des plus grands reproches & des plus injurieux que les Juifs ayent pû faire, quoiqu'injustement, à Nôtre Seigneur, qu'il aimoit le vin & la bonne chere, c'est aussi l'un des plus sensibles qu'on puisse faire à un honneste homme & avec sujet; car rien ne marque plus la bassesse de son esprit, & ce premier effet des excés de bouche, selon la parole de Jesus-Christ, est qu'ils appesantissent le cœur, & la suite funeste de l'excés du vin, selon Saint Paul, est qu'il porte à l'impureté.

Il n'y a rien de plus contraire à la bien-séance

que d'avoir toûjours chez soi la nape mise : car c'est faire connoître qu'on n'a rien plus à cœur, & qu'on ne songe qu'à remplir son ventre, & en faire son Dieu, comme le dit Saint Paul. En effet, cette table toûjours préparée est comme un Autel continuellement disposé pour lui offrir des viandes, qui sont les victimes qu'on lui sacrifie.

Il n'est pas moins contre l'honnesteté de manger & boire à toute heure, & d'estre toûjours prest à le faire ; cela sent le goinfre & l'yvrogne : au contraire le propre d'un homme sage & honneste, est de régler l'heure & le nombre de ses repas, qu'il n'y ait que quelque affaire pressée & extraordinaire, qui puisse en changer le tems, ou qu'il n'y ait l'obligation de tenir compagnie à quelque personne qu'on n'attendoit pas, qui fasse quelquefois manger hors les heures réglées.

Comme il y a des gens qui tous les jours ou au moins souvent ont des rendez-vous avec leurs amis, pour déjeuner ou gouter ensemble, & qui dans ces sortes de repas mangent & boivent avec excés, il est du devoir d'un Chrétien qui veut mener une vie réglée, de se dégager de ces sortes de compagnies.

La pratique la plus ordinaire des honnestes gens, quand ils déjeunent, est de prendre un morceau de pain, & boire un coup ou deux : hors de là, il faut se contenter du dîner & du souper, comme il est en usage parmi les gens sages & réglez, qui jugent que ces deux repas sont suffisans pour satisfaire aux besoins de la nature.

Il est contre la bien-séance, & cela sent le païsan de présenter à boire à ceux qui nous rendent visite & de les y exciter ; si ce n'est lorsque quelqu'un arrivant de la campagne échauffé à besoin de ce petit ſoulagement : s'il arrive que quelqu'un nous en préſente hors cette néceſſité nous devons n'en pas prendre, & nous en excuſer le plus honneſtement qu'il nous ſera poſſible.

Pour ce qui eſt des feſtins, il eſt quelquefois de la bien ſéance d'en faire & de s'y trouver ; mais ce ne doit eſtre que trés-rarement & par une eſpece de neceſſité. C'eſt ce que ſaint Paul veut faire entendre, lors qu'il nous dit de ne pas vivre dans les feſtins ne ſoient pas ni magnifiques ni diſſolus, c'eſt-à-dire, qu'il n'y ait pas une trop grande abondance & diverſité de viandes, & qu'on n'y faſſe pas d'excez : c'eſt en quoi les régles de la biet-séance s'accordent, ſoit avec celles de la morale chrétienne, dont il ne nous eſt jamais permis de nous éloigner, non pas même par complaiſance & par condeſcendance pour le prochain ; car ce ſeroit une charité mal-réglée & un pur reſpect humain.

ARTICLE I.

Des choſes qu'on doit faire avant que de manger, du Laver des Mains, de la Benediction de la Table, & de la maniere de s'aſſeoir à Table.

LA bien-ſéance demande qu'un peu avant que de manger, & de prendre ſes repas, on lave ſes mains, on beniſſe les viandes, & qu'on s'aſſoye à table. Elle preſcrit auſſi des manieres de bien faire ces actions.

Quoique, comme dit Nôtre Seigneur dans l'Evangile, ce ne ſoit pas une choſe qui ſoüille l'homme que de manger ſans avoir lavé ſes mains, il eſt cependant de l'honnêteté de ne jamais manger ſans l'avoir fait. C'eſt même une pratique qui a toûjours été en usage, & si Nôtre Seigneur la reprend dans les Juifs, ce n'est que parce qu'ils s'y attachoient si scrupuleusement qu'ils croïent commettre une faute considerable, s'ils ne lavoient leurs mains avant que de manger, & qu'ils les lavoient même plusieurs fois, craignant d'estre soüillez, s'ils touchoient quelques viandes avec des mains tant soit peu sallies, lors qu'ils n'appréhendoient pas de se soüiller par un grand nombre de crimes qu'ils commettoient. Jesus-Christ n'a donc nullement blâmé cette pratique, il n'en a condamné que l'excés.

L'ordre qu'on doit garder en lavant ses mains, est de le faire selon le rang que l'on tient dans la famille, ou si on mange en compagnie, selon le rang qu'on tient parmi les conviez.

L'usage cependant le plus ordinaire, est lors qu'on est avec des personne à peu prés égales, de se faire quelques déferences les uns aux autres avant que de laver les mains, mais de ne pas faire de grandes ceremonies pour cela, & de les laver presque tous ensemble.

S'il y a une ou plusieurs personnes qui soient dans la compagnie, d'une qualité distinguée, on ne doit nullement s'approcher du bassin pour laver les mains, qu'aprés qu'elles auront lavé les leurs; si cependant une personne superieure nous prend la main & nous prie de laver avec elle, ce seroit une incivilité de lui résister.

Lors qu'on lave ses mains, il faut se baisser tant soit peu pour ne pas salir ses habits & prendre garde de ne pas faire rejaillir d'eau sur personne.

Il est incivil de faire beaucoup de bruit avec les mains en les frottant fort, lors particulierement qu'on qu'on les lave étant en compagnie ; & s'il arrivoit qu'on eût les mains fort sales, il seroit à propos de prendre cette précaution de les laver en particulier dans quelqu'autre lieu, avant que de les laver avec la compagnie.

Si la personne qui présente de l'eau merite quelque honneur, on doit lui faire quelque signe d'honnesteté en présentant les mains pour recevoir de l'eau, & on ne doit pas manquer de faire quelque signe pour marquer qu'on en a versé suffisamment.

Lors qu'il n'y a personne pour prendre la serviette, il est de la bien-séance de la prendre aussitôt qu'on a lavé les mains, & il est de l'honnêteté avant que de les essuyer de la présenter à ceux qui les ont lavés, ou avant nous, ou avec nous, & de les prévenir en cela ; on ne doit jamais souffrir que la serviette demeure entre les mains d'une personne qui soit d'une qualité plus élevée, ou qui soit même superieure ; mais on doit la tenir par le bout, jusqu'à ce que cette personne s'en soit servie.

Il faut prendre garde en essuyant ses mains, de n'incommoder personne, & de ne pas tellement moüiller la serviette, que les autres ne puissent plus trouver un endroit qui soit sec pour y essuyer les leurs. C'est pourquoi il est de l'honnêteté de n'essuyer ses mains qu'en un seul endroit de la serviette ou de l'essuimain, dont on se sert pour ce sujet.

Aprés que tout le monde a lavé ses mains, tous doivent se mettre autour de la table & se tenir debout & découverts en grande modestie, jusqu'à ce qu'on ait donné aux viandes la benediction.

Il est trés-indécent à des Chrétiens de se mettre à table pour prendre leur repas, avant que les viandes ayent été benites par quelqu'un de la compagnie. Jesus-Christ qui doit être nôtre modéle en toutes choses ayant eu pour pratique dans ses repas, selon qu'il est raporté dans le saint Evangile, de benir ce qui étoit préparé pour servir de nourriture & à lui, & à ceux qui l'accompagnoient; en user autrement, c'est se conduire comme les bêtes.

Lors qu'il y a quelque Ecclesiastique dans la compagnie, il est de son devoir de donner la benediction avant le repas, & ce seroit faire injure à son caractere, si un Laïque, de quelque qualité qu'il fût, ôsoit entreprendre de benir les viandes en sa présence: ce seroit aussi contrevenir aux anciens Canons qui défendent même à un Diacre, & à bien plus forte raison à un Laïque, de benir en présence d'un Prêtre.

S'il n'y a point d'Ecclesiastique parmi les conviez, c'est au chef de la famille, ou au maître de la maison, ou à la personne qui a quelque qualité au-dessus des autres à donner cette benediction: il seroit cependant trés-mal séant qu'une femme le fist en présence d'un ou de plusieurs hommes. Lors qu'il y a quelque enfant présent, il arrive souvent qu'on lui donne la commission de s'acquitter de cette fonction, quelquefois même, lors que personne ne veut benir les viandes à haute voix, chacun des conviez le fait en son particulier à voix basse: c'est cependant ce qui ne devroit jamais arriver.

Lors que la benediction est achevée, la bienséance veut qu'on observe ce que nôtre Seigneur ordonne dans le saint Evangile, qui est de se mettre à la derniere place & au bas bout de la table, ou qu'on attende qu'on nous donne une place, & il est trés-incivil à des personnes qui ne sont pas distinguées par leur qualité de se placer les premieres, ou de prendre les premieres places : pour ce qui est des enfans, ils ne doivent point s'asseoir, que tous les autres ne soient placez. En s'assoyant, on doit avoir la tête nuë & ne se pas couvrir qu'on ne soit tout-à-fait assis, & que les personnes les plus considérables ne soient couvertes.

Lors qu'on est assis à table, la bien-séance veut qu'on se tienne droit sur son siége, & qu'on prenne garde de ne se pas coucher sur la table, & de ne pas s'y appuyer indécemment : il n'est pas séant de s'éloigner si fort de la table qu'on ne puisse pas y atteindre, ou de s'en approcher de si prés qu'on la touche, sur tout, il ne faut jamais poser ses coudes sur la table, mais on doit y être tellement disposé, qu'on n'avance pas dessus plus que les poignets.

L'un des principaux égards qu'on doit avoir, lors qu'on est à table, est de n'incommoder personne, soit avec les bras, soit avec les pieds, c'est pourquoi on ne doit alors, ni étendre, ni élargir, ni les bras ni les jambes, ni pousser avec le coude ceux qui sont auprés de soi, & s'il arrive qu'on y soit serré, il est à propos de se retirer un peu en arriere pour se mettre plus au large ; on doit même se presser & s'incommoder pour accommoder les autres.

ARTICLE II.

Des choses dont on doit se servir lors qu'on est à Table.

ON doit se servir à table d'une serviette, d'une assiette, d'un coûteau, d'une cuillere, & d'une fourchette ; & il seroit tout-à-fait contre l'honnêteté de se passer de quelqu'une de toutes ces choses en mangeant.

C'est à la personne la plus qualifiée de la compagnie à déplier sa servitte la premiere, & les autres doivent attendre qu'elle ait déplié la sienne, pour déplier la leur. Lors que les personnes sont à peu prés égales, tous la déplient ensemble sans ceremonies.

En dépliant sa serviette, il faut la bien étendre sur ses habits, pour ne les pas gâter en mangeant, & il est à propos qu'elle couvre les habits jusqu'à la poitrine.

Il est mal-honnête de se servir de sa serviette pour s'essuyer le visage, il l'est encore bien plus de s'en frotter les dents, & ce seroit une faute des plus grossieres contre la Civilité, de s'en servir pour se moucher. C'est aussi une chose indécente de nettoyer les assiettes & les plats avec la serviette.

L'usage qu'on peut, & qu'on doit faire de sa serviette lors qu'on est à table, est de s'en servir pour nettoyer sa bouche, ses lévres & ses doigts quand ils sont gras, pour dégraisser le coûteau avant que de couper du pain, & pour nettoyer la cuillere & la fourchette aprés qu'on s'en est servi.

Lors que les doigts sont fort gras, il est à propos de les dégraisser d'abord avec un petit morceau de pain, qu'il faut ensuite laisser sur l'assiette, auparavant de les essuyer à sa serviette, afin de ne la pas beaucoup engraisser, & de ne la pas rendre mal propre.

Lorsque la cuillere, la fourchette ou le couteau sont sales, ou qu'ils sont gras, il est trés-mal-honnête de les lécher, & il n'est nullement séant de les essuyer, ou quelqu'autre chose que ce soit avec la nappe, on doit dans ces occasions & autres semblables se servir de la serviette. Et pour ce qui est de la nappe, il faut avoir égard de la tenir toûjours fort propre, & de n'y laisser tomber ni eau, ni vin, ni sucre, ni viande, ni rien qui la puisse salir.

Aprés avoir déplié sa serviette, il faut avoir soin qu'on ait son assiette devant soi, & que le coûteau, la fourchette & la cuillere soient à la main droite, afin qu'on les puisse prendre facilement & commodément.

Lors que l'assiette est sale, on doit bien se garder de la ratisser avec la cuillere ou la fourchette, pour la rendre nette, encore bien plus de nettoyer avec ses doigts son assiette, ou le fond de quelque plat, cela est trés-vilain, il faut ou n'y pas toucher, ou si on a la commodité d'en changer, se la faire desservir & s'en faire apporter une autre.

Lors qu'on change, ou qu'on ôte les assiettes, on doit laisser faire la personne qui s'acquitte de ces offices, sans disputer contre elle, & sans la renvoyer à une personne plus qualifiée, on doit toûjours se laisser desservir sans rien dire, & recevoir l'assiette qui est présentée.

S'il arrive cependant qu'en changeant les assiettes, on serve quelqu'un avant une personne qui lui est superieure, ou si on ne donne pas assez-tôt une assiette à cette personne, il faut alors lui présenter la sienne, & la lui donner, pourvû qu'on ne s'en soit pas encore servi.

Il ne faut pas, lors qu'on est à table, tenir toûjours le coûteau à la main, il suffit de le prendre lors qu'on veut s'en servir.

Il est aussi trés-incivil de porter un morceau de pain à la bouche, ayant le coûteau à la main; il l'est encore plus de l'y porter avec la pointe du coûteau : Il faut obſerver la même choſe, en mangeant des pommes, des poires, ou quelques autres fruits.

Il eſt contre la bien-ſéance de tenir la fourchette ou la cuillere à pleine main, comme ſi on tenoit un bâton ; mais on doit toûjours les tenir entre le pouce & le ſecond doigt.

Il ne faut auſſi jamais les tenir de la main gauche, lors qu'on les porte à la bouche.

Il n'eſt jamais permis de les lécher aprés avoir mangé ce qui eſt deſſus, ou dedans ; mais on doit prendre proprement ce qu'il y a, & en laiſſer le moins qu'on pourra.

Quand on prend le potage, ou quelqu'autre choſe avec la cuillere : il ne la faut pas trop emplir, de crainte qu'il ne tombe quelque choſe ſur les habits ou ſur la nappe, car cela eſt d'un gourmand, il faut en tirer la cuillere hors de l'écuelle, du plat ou de l'aſſiette, la gliſſer legerement ſur le pord, pour faire tomber les gouttes de boüillon, qui pourroient reſter deſſous la cuillere.

On ne doit pas ſe ſervir de la fourchette pour porter des choſes liquides, & qui pourroient répandre, c'eſt la cuillere qui eſt deſtinée pour prendre ces ſortes de choſes.

Il eſt de l'honnêteté de ſe ſervir toûjours de la fourchette, pour porter la viande à ſa bouche : car la bien-ſéance ne permet pas de toucher avec les doigts à quelque choſe de gras, à quelque ſauce, ou à quelque ſyrop, & ſi quelqu'un le faiſoit, il ne pourroit ſe diſpenſer de commettre enſuite pluſieurs autres incivilitez, comme ſeroit d'eſſuyer ſouvent ſes doigts à ſa ſerviette, ce qui la rendroit fort ſale & fort mal-propre, ou de les eſſuyer à ſon pain, ce qui ſeroit trés-mal-honnête, ou de lécher ses doigts, ce qui ne peut être permis à une personne bien née & bien élevée.

Si on veut rendre une cuillere, une fourchette, un coûteau à quelqu'un qui les auroit preté pour quelque besoin; il est de la bien-séance de les bien nettoyer avec sa serviette, à moins qu'on ne les donne à quelque domestique, pour les laver au Bufet; il faut ensuite les mettre proprement sur une assiette nette, pour les présenter à la personne de qui on les a reçûs.

ARTICLE III.

De la maniere dont on doit inviter, demander, recevoir ou prendre à manger lors qu'on est à Table.

IL n'est pas à propos que chacun se mêle d'inviter les autres à manger, lors qu'on est à table; c'est au Maître ou a la Maîtresse de la maison à le faire, d'autres qu'eux ne doivent point prendre cette liberté. Cela se peut faire en deux manieres. 1. Par paroles, avec beaucoup d'honnêté, 2. En présentant des viandes qu'on sçait être, ou qui peuvent être le plus au goût des personnes à qui on les sert,

On doit avoir soin, lors qu'on traite quelques personnes, de les exciter & animer de tems en tems à bien manger, on doit le faire avec un visage & un air gai, qui persuade aux invitez, que c'est de bon cœur qu'on les traite: on ne doit pas cependant le faire trop frequemment, ni avec un fort grand empressement, cela seroit trés-importun & incommode aux autres.

On peut aussi inviter les autres à boire, pourvû que ce soit honnêtement, modérement & sans les presser. Il faut bien se garder, dit le Sage, d'y exciter ceux qui aiment le vin, parce que le vin en a perdu plusieurs, & que c'est une chose honteuse en même tems, de voir une personne qui s'est laissée aller à l'intemperance & à l'excés du vin.

Il semble même qu'il seroit mieux & plus selon la bien-séance chrétienne de n'inviter personne à manger, qu'en lui servant des viandes sur son assiette, & de n'exciter personne à boire ; mais de prendre garde seulement qu'on en serve de tems en tems à ceux qui sont à table, & en cas qu'ils s'abstiennent d'en demander.

C'est une marque qu'on est sujet à sa bouche, de demander lors qu'on est à table, ce qui est le plus à son goût ; mais c'est une incivilité des plus grossieres de demander le meilleur morceau.

Si celui qui sert les viandes demande ce qu'on souhaite, on répond, ce qu'il vous plaira, sans jamais rien demander en particulier. On peut cependant demander d'un met préferablement aux autres, pourvû que ce ne soit pas d'un met exquis ou extraordinaire, ou de quelque friandise ; il est cependant beaucoup mieux de ne rien demander du tout, soit en se servant soi-même à soit, en attendant qu'on nous en présente.

Lors qu'un autre présente de quelques mets, & qu'on ne veut plus manger, il faut le remercier honnêtement, en lui faisant connoître qu'on n'a plus besoin de rien.

Comme il est incivil de demander quelque chose, il est aussi de la bien-séance de recevoir tout ce qui est présenté, quand même on auroit de la répugnance à en manger : il ne faut jamais faire paroître qu'on a de la peine à manger de quelque chose qui est sur la table ; & il est tout-à-fait contre la bien-séance de le dire. Ces sortes d aversions n'étant souvent qu'imaginaires : on pourroit s'en corriger facilement, si on vouloit se faire un peu de violence, particulierement pendant qu'on est jeune, & un moyen sans doute fort aisé de le faire, seroit de souffrir quelques jours la faim ; car la faim fait trouver tout bon, & souvent des choses, dont une personne ne peut se résoudre de manger, lors qu'elle n'a point faim, lui sont trés-délicieuses quand elle a faim. On doit aussi prendre garde de ne pas tant rechercher ses appetits ; mais il faut autant qu'il est possible s'accoûtumer à manger de tout, & pour cela se faire souvent servir des viandes pour lesquels on a de l'aversion, particulierement aprés avoir été quelque tems sans manger, & à moins que de prendre ces sortes de précautions, on se met en état, lors qu'on est à table, d'être bien incommode aux autres, sur tout à ceux qui traittent.

Si la répugnance qu'on a aux choses qui sont servies, est si grande, qu'on ne la puisse vaincre, on ne doit pas pour cela refuser ce qui est présenté; mais aprés l'avoir pris honnêtement sans faire semblant de rien, il faut le laisser sur son assiette, & quand les autres n'y prendront pas garde, se faire déservir, ce qu'on n'aura pû manger. Si ce qu'on reçoit à table est quelque chose de liquide ou de gras, il ne faut pas le recevoir avec la main, mais il est de la bien-séance de présenter son assiette en la tenant de la main gauche & tenant le couteau ou la fourchette de la main droite pour appuyer dessus ce qui est servi en cas de besoin, il faut recevoir avec action de graces ce qui est présenté en avançant son assiette vers sa bouche comme pour la baiser & faisant en même tems une honnête inclination.

Quand quelqu'un distribuë les viandes coupées,

il est incivil de tendre son assiette avec précipitation pour être servi des premiers. C'est une marque & un effet d'une grande gourmandise, il faut attendre que celui qui sert en présente, & alors il faut tendre son assiette pour recevoir ce qui est présenté. Si cependant celui qui sert passe le tour d'un autre qui est au-dessous de nous, il est à propos de nous excuser de prendre ce qui est offert, mais si on est pressé de le prendre, on doit le présenter incontinent soi-même à la personne qui aura été passée, ou a la personne la plus qualifiée, à moins que ce ne fût elle-même qui le présentât.

Si la personne qui présente, est ou superieure ou plus qualifiée, il faut se découvrir la premiere fois seulement qu'elle présente quelque chose, & ne le plus faire ensuite.

Le pain, les fruits, les dragées, les œufs frais, & les huitres à l'écaille peuvent se recevoir avec la main, & on doit alors ne prendre ces choses qu'en baisant la main, & l'avancer pour la commodité de la personne qui les présente.

ARTICLE IV.

De la maniere de couper & de servir les viandes, & de se servir soi-même.

IL est trés-incivil de se mettre en peine de couper les viandes & de les servir, lors qu'on est à la table d'une personne superieure, à moins qu'elle ne le commande, quand même on sçauroit parfaitement bien s'en acquitter. C'est au Maître ou à la Maîtresse de la maison de le faire, ou a ceux de la compagnie qu'ils prient de se donner cette peine.

Si on prie quelqu'un de couper les viandes, qui ne le sçache pas faire : il ne doit pas avoir de honte, ni ſe faire de la peine de s'en excuſer ; mais ſi c'eſt quelqu'un qui le ſçache faire, aprés avoir coupé les viandes, il les laiſſera dans le plat, afin que chacun en prenne, ou il pourra les ſervir, ſi le Maître l'en prie, ou bien il fera paſſer le plat devant le Maître ou la Maîtreſſe de la maiſon, afin qu'ils les diſtribuënt ſelon leur volonté.

Si cependant la table eſt fort grande, & qu'il n'y ait pas de facilité à une même perſonne de ſervir tous les conviez, on pourra ſervir ſeulement ceux qui ſont auprés de ſoi.

Les jeunes gens & ceux qui ſont de moindre conſideration, ne doivent pas ſe mêler de ſervir les autres ; mais ils doivent ſeulement prendre pour eux de ce qui eſt devant eux, ou recevoir ce qu'on leur préſente avec honnêteté, & avec action de graces.

Quand on ſert les autres à table, il eſt de la bienſéance de leur donner tout ce dont ils peuvent avoir beſoin, même des viandes qui ſont proche d'eux.

Il faut auſſi toûjours leur donner les meilleurs morceaux, qu'il n'eſt jamais permis de prendre pour ſoi, & préferer les perſonnes les plus qualifiées à celles qui le ſont moins, les ſervant les premiers, & leur donnant de ce qu'il y a de meilleur ſans toucher à rien qu'avec la fourchette ; ſi quelqu'un demande à un autre de quelque mets qui ſoit devant lui, il doit en uſer de même.

Afin qu'on puiſſe ne pas prendre pour ſoi les meilleurs morceaux, ce qui pourroit quelquefois arriver par mépriſe, faute de le ſçavoir, & qu'on puiſſe les ſervir à propos à ceux à qui il convient, on a crû qu'il ſeroit bon de les faire ici connoître, pour donner occaſion de ne s'y pas tromper.

A l'égard du boüilli, la poitrine du Chapon ou de la Poulle, paſſe pour le meilleur endroit, & on eſtime les cuiſſes meilleures que les aîles ; dans une piece de Bœuf, & qui eſt plus entre-lardé de gras & de maigre, eſt toûjours le meilleur.

Les Pigeons rôtis ſe ſervent tout entiers, ou ſe coupent au travers par la moitié. Dans tous les oiſeaux qui grattent la terre avec les pieds, les aîles ſont les plus délicates ; mais les cuiſſes valent mieux dans les oiſeaux qui volent en l'air. Dans les Cocqs-d'Indes, les Oyes & les Canards, ce qui eſt le meilleur eſt le deſſus de la poitrine, qui ſe coupe en long ; dans un Cochon de lait, ce qui eſt le plus eſtimé eſt la peau & les oreilles ; dans les Liévres, les Levraux & les Lapins, ce qui eſt le plus recherché eſt le rable, les cuiſſes, & ce qui eſt au côté de la queuë, & apres les épaules.

Dans une Longe de Veau, le meilleur eſt le plus charnu, mais le rognon eſt ce qu'il y a de plus excellent.

Ce qu'on eſtime le plus dans les Poiſſons, eſt la tête, & ce qui en approche le plus, Pour ce qui eſt des Poiſſons qui n'ont qu'une épine qui va tout du long, comme ſont la Vive & la Sole, le milieu eſt ſans contredit le meilleur.

Si on préſente quelque choſe qui ſe doive prendre avec la cüillere, il eſt trés-mal-honnête de le prendre avec la ſienne, ſi on s'en eſt déja ſervi ; mais ſi on ne s'en eſt pas encore ſervi, on doit prendre avec ce que l'on doit préſenter, puis le mettre ſur l'aſſiette de celui à qui on préſente quelque choſe, & enſuite en demander une autre pour ſoi.

S'il arrive que celui qui a prié de ſervir ait mis ſa cuillere ſur ſon aſſiette, en l'envoyant, ou en la préſentant, il faut alors s'en ſervir & non pas de la ſienne propre.

Quand quelqu'un qui eſt éloigné demande quelque chose, il faut lui presenter ce qu'il demande sur une assiette nette, & jamais avec le coûteau, la fourchette, ou la cuillere tout seul.

Lors qu'on présente quelque chose où il y a de la cendre, il ne faut pas souffler dessus, pour en ôter la cendre; mais il est à propos de le nettoyer avec le coûteau avant que de le servir; car le souffle de la bouche est capable de dégoûter les personnes, & en soufflant, on s'expose à jetter de la cendre sur la nappe, ou sur le plat.

Il n'est pas honnête, lors qu'on est invité chez un autre de se servir soi-même, à moins que le Maître du festin ne prie d'en user librement, ou qu'on ne soit fort uni & fort familier avec lui.

Lors qu'on se sert soi-même, il est fort incivil de faire du bruit avec le coûteau, la cuilliere ou la fourchette, en prenant quelque chose dans le plat, mais on doit le prendre avec tant de retenuë & de sagesse, qu'on ne puisse presque pas être apperçû, & encore moins entendu des autres.

On doit toûjours se servir du coûteau pour couper la viande, & en la coupant l'arrêter avec la fourchette, dont on doit user aussi pour porter sur son assiette le morceau qu'on aura coupé, il faut bien se garder de prendre la viande avec la main, & d'en prendre un trop gros morceau à la fois.

La bien-séance ne permet pas de chercher dans le plat, en retournant les morceaux qui sont le plus à son goût, elle ne permet pas non plus de prendre les derniers morceaux, ni ceux qui sont les plus éloignez, mais elle veut qu'on prenne ce qui est devant soi; car il est de mauvaise grace de tourner le plat pour y prendre ce qu'on souhaite, cela ne se peut faire que par ceux qui servent les autres, qui ne doivent pas même le faire que rarement,

& d'une maniere fort ſage.

C'eſt auſſi une grande incivilité, d'étendre le bras par-deſſus le plat qui eſt devant ſoi, pour atteindre à quelqu'autre, il faut en demander; mais il vaut bien mieux attendre qu'on en ſerve.

Il faut prendre en une fois ce que l'on veut manger, & il eſt trés-indécent de mettre deux fois la main de ſuite au plat, il l'eſt bien plus de l'y mettre pour prendre morceau à morceau, ou de tirer la viande par lambeau avec la fourchette.

Lors qu'on veut prendre quelque choſe dans le plat, il faut auparavant eſſuyer ſa cuillere ou ſa fourchette, avec laquelle on veut la prendre ſi on s'en eſt déja ſervi.

Il eſt bien incivil, & il eſt même trés-honteux de recurer les plats avec du pain, ou de les rendre ſi nets, ſoit avec la cuilliere, ou avec quelqu'autre choſe, qu il n'y reſte plus du tout, ni ſauce, ni viande, il n'eſt pas moins mal-honnête d'y tremper du pain dans la ſauce, ou de prendre le reſte de la ſauce dans la cuillere, il eſt trés-vilain de la prendre avec ſes doigts.

Si chacun prend au plat, il faut bien ſe garder d'y mettre la main, que les perſonnes les plus conſiderables de la compagnie ne l'y ayent mis, ou de prendre ailleurs qu'à l'endroit du plat qui eſt vis-à-vis de ſoi.

Il eſt mal-ſéant de toucher le poiſſon avec le coûteau, à moins qu'il ne ſoit en pâte; on le prend ordinairement avec la fourchette, & on le ſert de même ſur une aſſiette.

Les olives ſe prennent non pas avec la fourchette, mais avec la cuillere, toutes ſortes de tartes de confitures & de gâteaux, aprés avoir été coupez ſur le plat ou ſur le baſſin où on les a ſervis, ſe prennent avec le plat du coûteau qu'on met par-dessous, & se présentent ensuite sur une assiette.

Les cerneaux se prennent dans le plat avec la main, ainsi que les autres fruits cruds, & les confitures séches; & il est de la bien-séance de peler presque tous les fruits cruds, avant que de les présenter, & de les couvrir ensuite bien proprement de leur pelure; on peut cependant les présenter sans les peler.

Lors qu'on coupe des citrons & des oranges, on les coupe en travers; pour ce qui est des pommes & des poires, on les coupe en long.

Il ne faut pas lors qu'on est à table, paler beaucoup de la qualité des viandes, si elles sont bonnes ou mauvaises, ni dire facilement son sentiment sur les assaisonnemens & sur les sauces; car ce seroit faire paroître qu'on prend bien du plaisir dans la bonne chere, & qu'on se plaît à être bien traité, ce qui est la marque d'une ame sensuelle, & de trés-basse éducation.

Il est cependant de la civilité de témoigner toûjours qu'on est trés satisfait & content de ce qui est servi, & qu'on le trouve bon; & si le Maître du festin demande à quelqu'un son sentiment sur les mets qui sont servis, & sur les viandes qui sont présentées, on doit toûjours répondre le plus honnêtement & le plus avantageusement qu'il est possible, afin de ne lui pas donner sujet de se faire de la peine, comme il arriveroit, si quelqu'un faisoit paroître que les viandes ne sont pas à son goût, ou sont mal apprêtées.

Il est de mauvaise grace de se plaindre que les viandes ne sont pas bonnes, ou qu'elles sont mal assaisonnées; comme par exemple, qu'elles soient trop salées, ou trop poivrées, ou qu'elles soient trop chaudes ou trop froides, ces discours ne sont capables que de faire de la peine à la personne qui traite, qui n'est pas ordinairement la cause de ces accidens, & quelquefois même ne s'en apperçoit pas; il n'est pas moins messéant de donner de grandes loüanges aux viandes & à tout ce qui est servi, & de donner des marques par de tels discours qu'on se plaît à faire bonne chere, & qu'on se connoît aux meilleurs morceaux, car c'est montrer qu'on est gourmand & sujet à son ventre.

ARTICLE V.

De la maniere de manger, pour le faire bonnêtement.

LE Sage donne plusieurs avis importans, touchant la maniere, dont on doit se comporter lors qu'on est à table, pour y manger avec honnêteté & avec bien-séance. Il avertit qu'aussi-tôt qu'on est assis à table, on ne doit pas se laisser aller à l'intemperance de sa bouche, en regardant les viandes avec avidité, comme si on devoit manger tout ce qui est sur la table & ne rien laisser aux autres.

2. Il dit qu'on ne doit pas porter le premier ses mains aux viandes, on doit aussi laisser cet honneur & cette marque de prééminence à la personne la plus qualifiée de la compagnie.

3. Il deffend de s'empresser pour manger, il est aussi trés-incivil de manger avec précipitation, cela sent le gourmand.

4. Il veut que chacun use comme un homme tempérant, de ce qui est servi n'en mangeant qu'avec beaucoup de retenuë & de modération, quoiqu'on en puisse prendre autant qu'on en aura besoin.

Il

Il exhorte à déferer beaucoup aux autres, lors qu'on est à table; & ne pas porter la main au plat en même tems qu'eux; c'est ce qu'éxige aussi la bien-séance.

Il ordonne qu'on cesse le premier de manger par modestie,. c'est ainsi que doit se conduire une personne sobre; qui fait profession de suivre dans le manger les régles de la temperance; & la raison qu'en donne le Sage, est qu'on ne doit pas exceder dans le manger, de peur de tomber en faute.

Il ajoûte, pour engager à toutes ces pratiques d'honnêteté & de sobrieté, que celui qui mange peu, aura un sommeil de santé, & qu'au contraire, l'insomnie, la colique & les tranchées sont le partage de l'homme intemperant.

La civilité ne nous prescrit rien de plus précis touchant la maniere de manger, que ces régles que le Sage nous donne, pour nous conduire honnêtement dans cette action, qui en effet demande de nous, tant & de si grandes précautions pour la bien faire.

Elle ne veut pas lors qu'on mange, qu'on mette un morceau dans la bouche, avant que le premier soit avalé, elle ne veut pas aussi qu'on se précipite tellement en mangeant, qu'on avale les morceaux, sans presque se donner le tems de les macher; elle ordonne de manger toûjours avec beaucoup de modération, sans se hâter, & elle ne permet pas de manger jusqu'à se faire venir le hoquet; car c'est une marque d'une excessive intempérance. Elle donne pour pratique, de ne pas commencer le premier à manger, non plus qu'à manger de quelques nouveaux mets, ou nouvellement servi, à moins qu'on ne soit le plus considerable de la compagnie, & elle ne peut souffrir qu'on demeure le dernier à table, lorſqu'il s'y trouve des perſonnes, pour qui l'on doit avoir du reſpect : En effet, c'eſt une grande incivilité de manger encore, aprés que ces perſonnes ont ceſſé de manger ; & rien n'eſt plus meſſéant que de manger ſeul, & de faire attendre les autres aprés ſoi pour ſortir de table.

Les enfans, ſur tout, doivent prendre pour régle, de commencer les derniers à manger, & de finir les premiers.

Il y a quelqu'autres pratiques d'honnêteté, touchant la maniere de manger, qu'on doit prendre garde d'obſerver exactement.

Il eſt, par exemple, de la bien-ſéance de ne pas ſe pancher trop ſur ſon aſſiette lors qu'on mange, il faut toûjours joindre les lévres en mangeant, pour ne pas lapper comme les pourceaux, & il n'eſt pas ſuportable de manger avec ſes deux mains, mais il faut porter les morceaux à ſa bouche, avec la main droite ſeule, & ſe ſervir de la cuillere ou de la fourchette, pour y porter tout ce qui eſt frais, gras ou liquide, ou qui peut ſalir les mais ; & il eſt tout-à-fait contre la civilité de toucher les viandes, & encore plus le potage avec les doigts ſeuls.

Il faut bien ſe garder en mangeant de regarder ceux qui ſont auprés de ſoi, pour voir ce qu'ils mangent, ou ſi on ne leur ſert pas des morceaux qui ſoient meilleurs & plus à nôtre goût, que ceux qui nous ſont ſervis.

Il eſt tres-meſſéant, lors qu'on eſt à table, de flairer les viandes, ou de les donner à flairer aux autres, & il n'eſt jamais permis, quand on s'apperçoit de quelque mauvaiſe odeur dans les viandes, de le faire connoître aux autres ; ce ſeroit encore une bien plus grande incivilité de remettre dans le plat des viandes qu'on auroit porté à ſon nez pour les flairer.

S'il arrive qu'on trouve quelque chose de dégoûtant dans les viandes, comme quelque cheveu, du charbon, ou quelqu'autte chose, il ne faut pas le montrer aux autres, mais on doit l'ôter si adroitement; que personne ne s'en apperçoive.

Lors que par mégarde on a mis quelque chose dans sa bouche, qui est extraordinairement chaud, ou qui est capable de faire mal, il faut faire ensorte de l'avaler, sans rien faire paroître, s'il se peut, de la peine que cela fait, mais si on ne peut absolument le garder dans sa bouche, & s'il est impossible de l'avaler, il faut promptement, & sans que les autres s'en apperçoivent, prendre son assiette d'une main, & la porter contre sa bouche, en se tournant tant soit peu de côté, & se couvrant de l'autre main, remettre sur l'assiette ce qu'on a dans la bouche, & donner aussi-tôt l'assiette à quelqu'un, par derriere, ou la porter soi-même dehors (car l'honnêteté ne permet pas de rien jetter par terre.) A l'égard de ce qu'on ne mange pas, comme sont les os, les écailles d'œufs, les pelures de fruits, les noyaux, &c. il faut toûjours les poser sur le bord de l'assiette.

Il est tout-à-fait mal-séant de tirer de sa bouche avec les deux doigts, ce qu'on ne peut avaler, comme les os, les noyaux, les arrêtes, &c. & il l'est encore beaucoup plus de les laisser tomber de sa bouche, du haut en bas, ou à terre, ou sur son assiette, comme si on vomissoit : il est aussi malhonnête de les cracher sur son assiette ou dans sa main, mais il faut les recevoir honnêtement avec la main gauche, la tenant à demi fermée, & les mettre sur son assiette sans que cela paroisse.

ARTICLE VI.

De la maniere dont on doit manger le Potage.

LE potage se sert de deux differentes manieres; lors qu'on le sert en commun, on le met dans un plat; lors qu'on le sert à une personne en particulier, on le sert dans une écuelle: cela se pratique aussi dans les familles, particulierement à l'égard des enfans, & des personnes incommodées.

Ce seroit une grossiereté de servir le potage dans les écuelles, lors qu'on donne à manger à quelqu'un; on doit alors le mettre dans un plat, & mettre sur ce plat plusieurs cuilleres, selon le nombre des conviez, qui ne doivent s'en servir que pour prendre du potage dans ce plat, & le porter ensuite sur son assiette, à moins qu'il n'y ait une cuilliere, comme pour la compagnie.

Il est incivil de prendre le potage dans le plat pour le manger, & d'en tirer chaque fois avec la cuillere, ce qu'on en veut porter à sa bouche pour manger; mais il faut prendre du potage avec une des cuilleres qui sont sur le plat, & le mettre ensuite sur son assiette, & puis remettre la cuillere sur le plat sans la porter à sa bouche, il faut ensuite se servir de sa cuillere pour manger ce qui est sur son assiette.

S'il n'y a point de cuillere sur le plat, il faut se servir de la sienne, pour y prendre du potage, aprés l'avoir bien essuyé auparavant.

Pour ce qui est de la maniere dont on doit manger le potage dans une écuelle, il est contre la bienséance de le humer de dedans l'écuelle, comme feroit un malade, mais il faut le prendre peu à peu avec la cuillere; c'est aussi une grande incivilité de prendre l'écuelle par une oreille, & de verser dans sa cuillere le reste du boüillon qui est dedans, aprés avoir mangé le potage.

Il est aussi fort mal-honnête de tenir l'écuelle par l'oreille avec la main gauche, comme si on avoit peur que quelqu'un ne la prît.

La bien-séance veut aussi qu'on ne fasse pas de bruit avec l'écuelle & la cuillere, en prenant du potage, & qu'on ne racle pas bien fort de côté & d'autre, pour amasser le reste du pain qui est attaché au fond de l'écuelle.

Quoi qu'il ne soit pas bien de récurer son écuelle si nette, qu'il n'y reste plus rien dedans, il est cependant de l'honnêteté de n'y pas laisser de potage, il faut manger tout ce qu'il y en a dans l'écuelle, & tout ce qu'on a mis sur son assiette; il n'en est pas de même du plat, car ce seroit une incivilité de le vuider entierement, & il ne faut pas y prendre le reste du potage, quand il y en a peu.

Aprés que l on a mangé tout ce qu'il y a dans son écuelle, il la faut rendre à celui qui a soin de déservir, ou la mettre en quelque endroit sur la table, où elle ne puisse incommoder personne; mais il ne la faut jamais mettre à terre.

Lors qu'on mange du potage, il faut tenir honnêtement sa fourchette de la main gauche, & s'en servir pour accommoder proprement le potage dans sa cuilliere, afin qu'il ne tombe pas en le portant à sa bouche.

C'est une grande incivilité de faire du bruit avec les lévres en retirant son vent, lors qu'on met la la cuillere dans sa bouche, ou d'en faire avec la gorge en l'avalant, il faut mettre le potage dans sa bouche, & l'avaler avec une si grande retenuë, qu'on n'entende pas le moindre bruit.

On doit manger le potage fort doucement, enſorte qu'on ne faſſe paroître en cette occaſion aucune avidité, ni aucun empreſſement, car c'eſt une marque ordinairement, ou qu'on a bien faim, ou qu'on a beaucoup d'appetit. Et en un mot, ce ſeroit faire connoître évidemment ſa gourmandiſe.

Il eſt trés-indécent de manger en deux fois ce qui eſt dans la cuillere, y laiſſant encore quelque choſe lors qu'on la retire de ſa bouche; mais c'eſt une choſe encore plus mal-honnête de reprendre du potage ſur l'aſſiette ou dans l'écuelle, y ayant encore dans la cuillere quelque choſe de reſte de la cuillerée précedente, il faut manger en une ſeule fois ce qui eſt dans la cuille, & qu'on porte à ſa bouche, & non pas en pluſieurs repriſes.

Le moyen d'en uſer ainſi eſt de ne pas trop emplir la cuillere, lors qu'on prend du potage, ce qui eſt une faute conſiderable contre la bien-séance dans le manger; car ſi on l'empliſſoit trop fort, cela obligeroit à deux grandes incivilités; l'une, à ouvrir extraordinairement la bouche, pour faire entrer la cuillere dedans; l'autre, à manger à pluſieurs repriſes, ce qu'on doit prendre en une ſeule fois, outre qu'on ſe met en danger de laiſſer tomber quelque choſe ſur la nappe, ſur ſa ſerviette, ou même ſur ſes habits, en portant ſa cuillere à ſa bouche, ce qui ſeroit trés-mal à propos.

La modeſtie qu'on doit garder lors qu'on eſt à table, ne peut permettre de s'incliner indécemment tout le corps vers la cuillere, lors qu'on la porte à ſa bouche en mangeant le potage; mais elle permet encore bien moins de tirer beaucoup la langue, lors qu'on approche la cuillere de ſa bouche, on peut cependant s'incliner tant ſoit peu, afin de ne rien laiſſer tomber de la cuillere & de ne pas ſalir ſes habits; mais il faut prendre garde de ne ſe baiſſer que fort peu

Lorſque le potage ou ce qu'on mange eſt trop chaud, il faut bien ſe garder de le ſoufler, ſoit ſur l'aſſiette, ſoit dans l'écuelle, ſoit dans la cuillere, en la portant à ſa bouche, cela eſt tout-à-fait contre la bien-séance : il vaut mieux attendre qu'il ſoit un peu rafroidi ; on peut cependant le remuer doucement & honnêtement avec ſa cuillere

ARTICLE VII.

De la maniere dont on doit ſe ſervir, prendre & manger le pain & le ſel

LA place ou l'on doit mettre le morceau de pain qu'on a pour manger, eſt le côté gauche, auprés de l'aſſiette ou ſur la ſerviette ; il eſt mal-honnête de le mettre, ou à droit, ou devant, ou derriere l'aſſiette, & encore plus auprés du pain d'un autre.

On peut commettre pluſieurs incivilitez en coupant le pain, dont les enfans particulierement ſe doivent donner de garde, il eſt, par exemple, trés-malhonnête de creuſer le pain, en ne prenant que la mie, ou de séparer les deux croutes en le coupant en longueur, ou de l'écorcher, pour ainſi dire, en ôtant toute la croûte tout autour, ou de le couper tout par petits morceaux, comme on fait le pain beni, & le laiſſer ainſi ſur la table, ou en le coupant de laiſſer tomber beaucoup de miette ſur la nappe ; il n'eſt pas moins mal-honnête de le tenir à pleine main en le coupant, ou de le poſer ſur ſa poitrine, ou de couper ſon morceau de pain ſur la nappe ou ſur ſon aſſiette ; & il eſt encore plus meſſéant de le rompre avec les mains ; car il faut toûjours ſe ſervir de ſon coûteau pour couper le pain.

Toutes ces manieres de couper le pain, ſont ſi

ridicules, qu'il n'y a que des perſonnes mal élevées, & d'une baſſe éducation qui en ſoient capables.

Lors qu'on veut préſenter du pain à quelqu'un, on ne doit pas le faire avec la main, mais ſur une aſſiette nette, ou ſur une ſerviette, & on doit le recevoir avec la main comme en la baiſant.

Quand on veut couper un morceau de pain, à un pain qui ſoit commun, il faut auparavant nettoyer ſon coûteau, & n'en pas couper un trop gros morceau à la fois, il faut bien ſe garder de n'en couper que de la croûte par un coin; mais on doit toûjours le couper droit en longueur, juſques vers la moitié du pain, ſans en prendre plus du côté d'une croûte que de l'autre, car il ne peut être ni honnête, ni ſage de choiſir dans le pain ce qu'on en veut prendre, ce ſeroit laiſſer aux autres ſon reſte, & ce qui n'eſt pas à ſon goût; & mettre ſa ſenſualité tout-à-fait en évidence.

Si on a de ſi mauvaiſes dents qu'on ne puiſſe pas manger la croûte de ſon pain, il eſt bien plus à propos de ne l'écroûter que par petits morceaux, à meſure qu'on le mange, que de l'écroûter entierement tout d'un coup, car il n'eſt pas honnête de mettre ſur la table un gros morceau de pain qui ne ſoit que de la mie.

Il ſeroit de trés-mauvaiſe grace en mangeant le pain, d'en tenir un gros morceau renfermé dans ſa main, mais il faut le laiſſer ordinairement ſur la table, & couper chaque fois avec le coûteau le morceau qu'on veut porter à ſa bouche; il eſt auſſi de la bien-ſéance, que les morceaux qu'on porte à ſa bouche, ſoient petits, & il faut toûjours les y porter avec la main ſeule, & les y mettre en les tenant avec le pouce & le ſecond doigt.

Les œufs à la coque ſe mangent ordinairement

en trempant le pain dans l'œuf ; c'eſt pourquoi lors qu'on veut en manger de la ſorte, il faut avant que de le caſſer, préparer le pain dont on a beſoin pour le manger ; mais il n'eſt jamais permis de mettre du pain dans le vin, comme pour en faire de la ſoupe ; cela eſt même peu ſupportable à des perſonnes qui ſeroient incommodées, & elles ne doivent pas le faire, qu'il n'y paroiſſe une évidente neceſſité, & qu'il ne leur ſoit ordonné comme un véritable & preſque unique remede.

Le ſel, dit l'Evangile, eſt l'aſſaiſonnement des viandes, on doit le prendre dans la ſalliere avec la pointe du coûteau, & jamais avec ſes doigts, & enſuite le mettre ſur ſon aſſiette,

Avant que de mettre le coûteau dans la ſalliere, pour y prendre du ſel, il faut avoir ſoin de le nettoyer avec ſa ſerviette, car il eſt trés-mal-honnête d'en prendre avec un coûteau gras ou mal-propre, & il n'en faut prendre qu'autant qu'il eſt neceſſaire.

On ne doit jamais mettre dans la ſalliere, les morceaux de viandes qu'on veut manger ; mais il faut les ſaler avec le ſel qu'on aura mis ſur ſon aſſiette.

Il ne faut pas ſe laiſſer prévenir de la ſotte idée de certaine perſonnes, qui ſe font ſcrupule de préſenter du ſel aux autres ; & lors qu'on veut en préſenter à ceux qui ſont éloignez, il faut, ou en mettre ſur une aſſiette, pour le préſenter enſuite à ceux qui en auront beſoin, ou leur offrir la ſalliere, ſi cela ſe peut, afin qu'ils ne prennent eux-mêmes : On doit en uſer à l'égard de la moutarde, lors qu'on s'en ſert à table, à peut prés comme on en uſe à l'égard du ſel.

ARTICLE VIII.

De la maniere dont on doit se comporter à l'égard des os, de la sauce & du fruit

IL est trés-mal-honnête de servir les os à pleine-main, comme on tiendroit un bâton ; il est même de la bien-séance de ne les toucher que le moins qu'il est possible ; & s'il est necessaire, il le faut faire avec les deux doigts, & les tenir par quelque endroit qui ne puisse pas graisser les doigts.

C'est une chose bien vilaine de les ronger avec les dents, tout autour, & les tenir avec les deux mains, comme font les chiens avec leurs pieds ; il est aussi trés-indécent de les succer, en faisant du bruit ; ensorte qu'on soit entendu des autres : on ne doit pas même les porter à sa bouche, il faut se contenter d'en tirer doucement la viande avec le coûteau, le plus proprement qu'on peut, & les mettre ensuite sur son assiette, sans jamais les jetter à terre, ce qui seroit une trés-grande incivilité.

C'est une marque de sensualité, qui n'est jamais permise, de casser les os avec le coûteau ou avec quelque autre chose, ou de les frapper sur la table, ou sur son assiette, ou de les seçoüer pour en tirer la moüelle, il faut la tirer avec la fourchette, ou avec la pointe du coûteau, ou avec le manche de la cuillere, si cela se peut facilement, sinon il ne faut pas même essayer de le faire, il est cependant beaucoup mieux, & bien plus honnête de ne se mettre aucunement en peine de tirer la moüelle des os.

Il est bien mieux de ne pas prendre de sauce dans le plat, car cela marque toûjours quelque sensualité dans la personne qui le fait, mais quand on en prend, il faut le faire avec sa cuillere, aprés l'avoir essuyée avec sa serviette, & verser ensuite la sauce sur son assiette.

Il est trés-incivil de saucer tous les morceaux de viandes dans le plat, à mesure qu'on les mange; il l'est encore bien plus de tremper son pain dans la sauce; mais il est trés-vilain d'y tremper le pain ou la viande qu'on a déja morduë, aprés l'avoir portée à sa bouche.

A l'égard des fruits, des confitures, ou des autres choses qui se donnent au dessert. L'honnêteté veut qu'on soit fort retenu à toucher, & qu'on n'en mange qu'avec modération; en user autrement, ce seroit faire connoître qu'on a de l'attache à ces sortes de friandises.

Il faut particulierement que les enfans se donnent bien de garde de faire quelque signe des yeux ou des épaules, qui marquent qu'ils en désirent, ils doivent attendre qu'on leur en donne.

Une chose, qu'il n'est jamais permis de faire, sur tout lors qu'on est à la table d'une personne à qui on doit du repect, est de mettre dans sa poche, ou dans sa serviette du fruit, pour le conserver, comme seroit par exemple une pomme, une poire, une orange, &c.

Il n'est oussi nullement permis, lors qu'on est dans quelque Jardin, à moins qu'il ne soit à quelqu'un de ses amis intimes, d'y cüeillir des fruits ou des fleurs, ou d'en demander pour les emporter, la bien séance veut qu'on ne touche jamais à rien.

C'est une grande incivilité de présenter à quelqu'un du fruit, ou quelque autre chose dont on auroit déja mangé, il est aussi mal-honnête d'avaler les noyaux, ou de les casser avec ses dents, ou de les casser avec quelqu'autre chose, pour en tirer l'amande; il n'est pas aussi séant de les cracher sur son aſſiette, ou de les jetter à terre ou dans le feu; mais il faut les prendre de la main gauche à demie ouverte, & les mettre enſuite honnêtement ſur ſon aſſiette.

ARTICLE IX.

De la maniere dont on doit demander & recevoir à boire, & boire lors qu'on eſt à Table.

IL eſt tout-à-fait contre la bien-séance de demander à boire le premier, à moins qu'on ne ſoit le plus conſidérable de la compagnie, ſinon il faut attendre que ceux qui tiennent le premier rang ayent bû.

C'eſt auſſi manquer au reſpect qu'on doit à ceux avec qui on eſt, de demander à boire tout haut, il en faut demander tout bas; & il eſt encore mieux d'en demander par ſignes.

C'eſt auſſi manquer au reſpect de demander à boire, lors qu'on en donne à quelqu'un de la compagnie. S'il n'y a qu'une perſonne qui ſerve, on ne doit pas en demander, qu'on ne croye que pas un n'en demandera, juſqu'à ce qu'on aye achevé de boire; il eſt encore mieux, ſi on le peut, d'attendre à boire à ſon tour, à moins que le Maître de la maiſon ne vous en faſſe verſer.

Il eſt incivil de recevoir à boire, ou de s'en faire ſervir à côté d'une perſonne qu'on doit honorer, il faut alors prendre le verre, & ſe faire ſervir d'un autre côté.

Lors qu'on préſente à boire à quelqu'un, il doit eſſuyer ſes doigts avec ſa ſerviette, & puis prendre le verre par le pied, & non pas par le milieu; il doit auſſi prendre garde que celui qui le ſert ne mette pas dans le verre plus qu'il ne peut boire en une fois, & que le verre ne ſoit pas ſi plein, qu'il en puisse répandre sur la nappe, ou sur les habits.

Il faut toûjours essuyer sa bouche avec sa serviette avant que de boire, & ne jamais boire avant que d'avoir mangé son potage; il est bien moins permis de le faire pendant qu'on le mange, il n'est pas même honnête de boire aussi-tôt aprés l'avoir mangé: on doit attendre qu'on ait un peu mangé d'autres viandes.

Il est de l'honnêteté de bien essuyer sa bouche avec sa serviette, & de la vuider entierement avant que de boire, afin de ne pas graisser le verre, ce qui seroit trés-mal-propre; & il est trés-incivil de boire, ayant la bouche pleine, ou avant que d'avoir achevé de manger; il ne faut pas non plus faire de longs discours en tenant le verre à la main, & il est beaucoup mieux de ne pas parler, depuis qu'on a versé à boire, jusqu'à ce qu'on ait bû; il n'est pas moins incivil de considerer avec attention ce qu'on veut boire; & il est encore plus de goûter le vin avant que de boire, & de se mêler d'en dire son sentiment.

Il est bien mieux de boire simplement, sans aucune façon; car il n'est pas de l'honnêteté de faire paroître qu'on se connoît au vin.

On peut en bûvant baisser un peu la tête, afin de ne rien répandre sur soi; mais il faut aussi-tôt la redresser. Il est cependant mieux de se tenir toûjours la tête droite pendant qu'on boit.

Il ne faut pas boire, ni trop lentement, comme si on succoit & si on goûtoit avec plaisir ce qu'on avale, ni trop vîte, comme font les sensuels; mais il faut boire doucement & posément, quoique cependant tout d'une haleine sans reprendre son vent, & non pas à plusiéurs reprises, on doit en bûvant avoir la vûë arrêtée dans le verre, & toûjours boire ce qui est dans son verre sans en rien laisser.

La bien-séance ne permet pas de boire ayant la tête nuë, il faut toûjours être couvert, pendant qu'on boit; elle ne veut pas non plus qu'on ait la vûë égarée, & qu'on regarde de côté & d'autre pendant ce tems, on ne doit point alors avoir la vûë hors de son verre; il ne faut pas non plus en bûvant faire du bruit avec le gosier, & donner lieu par ce moyen, de compter les gorgées qu'on avale.

Il est indécent, aprés avoir bû, de pousser un grand soupir, pour reprendre son haleine, il faut cesser de boire sans faire aucun bruit, non pas même avec ses lévres, & aussi-tôt aprés avoir bû, il faut essuyer sa bouche, comme on a dû le faire avant que de boire.

Il est trés-incivil d'égouter les pots & en bûvant de succer les verres; il faut aussi prendre garde de ne pas boire trop souvent, & de ne pas boire du vin pur. L'honnêteté veut qu'il y ait toûjours beaucoup d'eau mêlée avec le vin.

Il n'est pas bien-séant de boire lorsque quelqu'un boit à côté de soi, & on doit bien moins le faire pendant que celui qui est le plus considérable de la Compagnie tient le verre en main, il faut attendre qu'ils ayent bû.

Si dans le tems qu'on est obligé de répondre à une personne qui est superieure, elle porte le verre à la bouche, il faut attendre qu'elle ait bû, pour continuer son discours, il faut observer la même chose, quelque personne que ce soit qui boive, & ne jamais lui parler pendant qu'elle boit.

Présenter à une personne un verre de vin, dont on ait déja goûté, est une chose trés-mal-honnête. Porter des santez aux uns & aux autres, pour les obliger de boire davantage, c'est une pratique qui ſent le Cabaret, & qui n'eſt nullement en uſage parmi les honnêtes gens ; il ne faut pas même boire facilement à la ſanté des uns des autres, à moins qu'on ne ſoit avec ſes amis les plus familiers, & qu'on ne le faſſe pour marque d'amitié ou de réconciliation. Les enfans, ſur tout, ne doivent pas boire à la ſanté de perſonne, à moins qu'on ne leur commande.

Qui que ce ſoit ne doit boire à la ſanté d'une perſonne qui ſoit d'une qualité beaucoup ſuperieur à la ſienne, & s'il eſt quelquefois permis de le faire, ce ne doit pas être en s'adreſſant à la perſonne même, à la ſanté de laquelle on boit, diſant, par exemple : *Monſeigneur, c'eſt à vôtre ſanté ;* mais on la porte à une autre, & diſant ainſi : *Monſieur, c'eſt à la ſanté de Monſeigneur* ; il eſt encore bien plus incivil d'ajoûter le ſurnom de la perſonne de qualité, ou le nom de ſa qualité, en parlant à elle-même, ou en bûvant à la ſanté de ſa femme, ou de quelqu'un de ſes parens ou parentes, de dire, *Monſeigneur, à la ſanté de Madame vôtre femme, vôtre Sœur, de Monſieur vôtre Frere ;* il faut nommer la femme par la qualité ou par le ſurnom de ſon Mari, & les autres, ou par leur ſurnom, ou par quelque qualité, s'ils en ont ; en diſant, par exemple : *A la ſanté de Madame Louvier, de Monſieur le Préſident, ou le Conſeiller.*

Celui qui boit à la ſanté d'un autre qui eſt préſent, doit s'incliner fort honnêtement vers lui ; & celui à la ſanté duquel l'on boit, doit remercier celui qui boit, en s'inclinant autant que le demande la qualité de celui qui lui fait cette honnêteté, & boire enſuite à la ſanté de celui qui a bû à la ſienne, en s'inclinant un peu, ſans ſe découvrir.

Si c'eſt une perſonne de grande qualité, qui boit

à la ſanté d'une autre de moindre conſidération; celui à qui elle s'adreſſe, doit ſe tenir découvert, en s'inclinant un peu ſur la table, juſqu'à ce que cette perſonne ait achevé de boire, & ne doit nullement lui faire raiſon, à moins qu'elle ne l'ordonne; cela ne doit pas cependant ſe faire, ſi la perſonne qui boit, n'eſt pas d'une qualité beaucoup ſuperieure à l'autre.

ARTICLE X.

De la ſortie de la Table, & de la maniere de ſervir, & de déſervir à Table.

ON ne doit pas attendre qu'on ait l'eſtomach plein de viandes, pour ceſſer de manger; & comme il eſt de l'honnêteté de manger avec modération, il l'eſt auſſi de ne pas manger juſqu'à être entierement raſſaſié.

Les enfans doivent toûjours ſortir de table les premiers, en ſe découvrant, & en faiſant la réverence.

Lors qu'on eſt obligé de ſe lever, & de ſortir de table avant les autres, il ne faut le faire qu'ayant la tête nuë, & en cas qu'on ſoit dépendant ou Domeſtique, il ne faut pas ſe lever qu'on n'ôte ſoi-même, ou qu'il n'y ait quelqu'un pour ôter ſon aſſiette, dont l'objet n'eſt pas honnête.

S'il arrive que quelque perſonne, pour laquelle on doive avoir de la conſideration mange, & ſe tient encore à table à la fin du repas, & qu'on ſoit ſeul avec qui cette perſonne ait ou puiſſe avoir de la conſidération, particulierement ſi on n'eſt ni dépendant d'elle, ni ſon Domeſtique, on doit par honnêteté & par reſpect demeurer à table pour lui tenir compagnie, juſqu'à ce qu'elle ſe léve.

Il faut que ceux qui ſervent à table ayent les mains fort

fort nettes & soient toûjours découverts. La chose qu'ils doivent faire est d'étendre proprement la nape sur la table, de mettre la salliere dessus, & puis de déposer les assiettes, sur lesquelles ils mettront le pain qu'ils couvriront honnêtement de la serviette, si ce n'est qu'on se serve d'écuelles pour le potage; car alors il faut mettre les écuelles sur les assiettes, & mettre le coûteau, la cuillere & la fourchette à la droite dessous le pain, & la serviette par-dessus.

Il faut ensuite laver les verres, & les disposer de telle maniere sur le Buffet ou sur une petite Table, couverte d'un linge blanc, qu'on ne les puisse pas changer facilement. Lors qu'il faudra les présenter. Il faut toûjours avoir soin que tout ce qui est necessaire, comme le sel, le pain & des assiettes pour servir le pain, soient sur a table, ou sur un buffet bien propre & bien rangé.

Il faut ensuite donner à laver, en élevant un peu l'aiguiere avec ceremonie, ayant la serviette pliée en long sur l'épaule gauche & tenant le bassin pardessous, posé sur la main & sur le bras gauche, à moins qu'il ne soit déja posé sur quelque chose. C'est sur les mains de la personne la plus considérable de la compagnie qu'il faut commencer à verser de l'eau, il faut ensuite en verser sur les mains des autres, selon leur rang & leur qualité, & quelquefois sans aucun ordre ni distinction entre elles, ce que l'on doit toûjours faire, lors que des personnes ne sont pas d une qualité fort distinguée.

Un des premiers soins qu'on doit avoir lors qu'on sert à table, est de bien essuyer les plats par-dessous, particulierement celui du potage, afin qu'ils ne salissent pas la napp·, & de les disposer tellement que chacun y puisse facilement porter la cuillere, ou la fourchette, quand il en aura besoin.

Le pain doit toûjours se présenter sur une assiette ou dans une serviette, s'il n'y a point d'assiette nette sur le buffet; & on ne doit jamais le porter à la main, ni le servir du côté de la personne la plus honorable.

Ceux qui servent doivent toûjours se tenir prêts à servir ce que l'on demandera, & doivent pour cela avoir toûjours l'œil sur la table, & ne pas s'en éloigner.

Il faut être découvert pour servir à table, il le faut particulierement être pour servir à boire, & lors qu'on en présente à quelqu'un, il faut tenir le verre par le pied avec la main gauche, ou la tasse par l'anse, & non pas à pleine main, ou en touchant le bord avec les doigts; il faut aussi toûjours mettre du vin dans le verre avant que de le présenter, & puis l'ayant présenté, comme en le baisant, verser doucement de l'eau avec l'aiguiere, ou le pot, qu'on doit tenir de la main droite, & ne pas cesser de verser, jusqu'à ce que celui qui veut boire leve le verre pour faire signe qu'il n'en veut pas davantage.

Il est de la bien-séance de ne présenter à boire à personne, que l'on n'ait mangé quelque tems des viandes, aprés que le potage aura été levé, & de commencer toûjours à verser à boire à la personne la plus considérable de la compagnie. On doit aussi observer de présenter toûjours à boire du côté de la personne qu'on sert; si cependant il y a plusieurs personnes à table, il ne faut rien présenter à côté de la personne la plus qualifiée, à moins qu'absolument on ne pût faire autrement.

Lors qu'en servant du vin on en a trop mis dans le verre, il ne faut pas le verser dans le pot ou dans la bouteille, mais dans un autre verre; & si au contraire on n'en avoit pas mis assez, il en faudroit encore remettre autant que celui qu'il sert en souhaitera.

Lors qu'on présente à boire à quelqu'un hors des repas, aprés lui avoir donné le verre, il faut tenir dessous une serviette, ou une assiette, afin d'empêcher que quelque goute ne tombe sur ses habits; & aprés qu'il aura bû il faudra recevoir de lui le verre comme en le baisant, & en même tems lui présenter une serviette pliée pour s'essuyer la bouche; on met aussi une assiette nette dessous le verre, lorsque les personnes de grande qualité boivent durant les repas.

Les personnes qui veulent manger proprement, changent d'assiettes au moins deux fois durant le dîner, une fois aprés avoir mangé le potage, & une fois pour le dessert, & au souper, seulement pour le dessert. Chez les personnes de qualité, & dans les festins, on en change ordinairement à tous à chaque service; & il y a toûjours des assiettes nettes sur le buffet, pour en changer à ceux qui en peuvent avoir besoin: il est aussi à propos d'en changer lors qu'on a son assiette trop chargée.

Ceux qui servent & qui changent les assiettes, doivent commencer pour le faire par la personne la plus considerable de la compagnie, & le faire à tous de suite en continuant, rendant à chacun une assiette nette, à mesure qu'ils en ôteront de dessus la table.

Lors qu'on est à table, il faut se tenir dans une grande retenuë, & ne pas jetter fixement la vûë sur ceux qui mangent, ni sur les viandes. On doit aussi avoir soin qu'il ne manque jamais rien à ceux qui sont à table, & qu'ils ne soient pas obligez de demander plusieurs fois à boire; c'est pourquoi ceux qui servent doivent être trés-attentifs à examiner s'il ne leur manque rien, & être prompts à les servir.

Il eſt contre la bien-ſéance de lever les plats pendant que quelqu'un mange encore, il faut attendre qu'on faſſe ſigne de les ôter, ſoit en les éloignant, ſoit en quelqu'autre maniere. Il ne faut pas non plus jamais lever aucun plat, qu'on n'en remette un autre à la place ; car il n'eſt pas ſéant que la table demeure vuide, ſi ce n'eſt à la fin des repas.

Il ne faut pas mettre les plats les uns dans les autres pour les lever plus facilement, particulierement lors qu'il y a encore de la viande dedans, & s'ils ne ſont pas entierement vüides : il ne faut pas non plus mêler enſemble dans un plat, ce qui pourroit reſter dans pluſieurs, afin de pouvoir les emporter tout à la fois ; mais on doit lever les plats tous l'un aprés l'autre, enſorte qu'on n'en emporte pas plus de deux en une fois.

Lors qu'on déſert les plats de deſſus la table, il faut toûjours commencer par ceux qui ſont devant la perſonne qui tient le premier rang dans la compagnie, & commencer auſſi par elle à ôter les aſſiettes, qu'on doit changer auſſi-tôt que les plats ſont déſervis.

Il ne faut pas déſervir entierement, qu'aprés qu'on aura rendu graces à Dieu ; & lors qu'on déſert, il eſt à propos de mettre les coûteaux, les fourchettes & les cuilleres dans un panier, auſſi bien que les morceaux de pain qui peuvent reſter. C'eſt une choſe honteuſe de ſerrer alors de la viande, du vin, ou autre choſe, pour les manger ou boire en cachette.

Il faut ôter le ſel le dernier, & aprés avoir levé la nappe, couvrir la table d'un tapis, à moins qu'on ne doive ôter la table en même tems.

Aprés qu'on aura tout déſervi, on aura ſoin de balayer proprement les miettes & les autres choſes qui ſeront tombées de la table ; il faudra enſuite accommoder le feu, si c'est en hyver, & se retirer en faisant la réverence.

Si on est chargé de tenir la chandelle pour conduire la compagnie, on ne la prendra pas toute seule, mais avec le chandelier, qu'on portera de la main droite, en tenant son chapeau de la main gauche, & éclairant le premier.

Il est trés-incivil d'éteindre une chandelle en présence de la compagnie. La bien-séance veut qu'on ne le fasse jamais en présence & à la vûë des autres, & qu'on ait égard qu'elle ne fume pas.

Il est encore bien plus mal-honnête de moucher les chandelles avec ses doigts, il faut toûjours le faire avec la mouchette, en tirant le chandelier de dessus la table.

CHAPITRE V.

Des divertissemens.

LEs divertissemens sont des exercices ausquels on peut employer quelque tems de la journée pour délasser l'esprit des occupations sérieuses, le corps des emplois fatiguans, qu'on leur donne pendant le jour.

Il est bien juste de prendre quelquefois du repos, le corps & l'esprit en ont besoin, & Dieu nous en a donné l'exemple, dés le commencement du monde, lors qu'il s'est reposé tout un jour, selon l'expression de l'Ecriture, aprés avoir travaillé six jours entiers & de suite, au grand ouvrage de la création du Monde. Nôtre Seigneur a aussi invité ses Apôtres à se reposer avec lui, aprés qu'ils furent de retour des lieux où il les avoit envoyez pour prêcher son Evangile.

Cependant comme il arrive souvent qu'on se divertit, ou en blessant sa conscience, ou aux dépens des autres, ou en violant en quelqu'autre chose les régles de l'honnêteté, soit en prenant des divertissemens que la bien-séance ne permet pas, soit en les prenant d'une maniere peu honnête, ou en y mêlant quelque chose d'incivil ou de meséant : il paroît necessaire ici d'exposer les differentes sortes de divertissemens qu'on peut prendre, & de faire ensuite connoître la maniere dont on peut y passer le tems, pour le faire avec bien-séance.

Les divertissemens qu'on peut prendre, sont la Récréation, le Jeu, le Chant & la promenade. On traitera ici de ces quatre choses l'une aprés l'autre, & de la maniere de les bien faire.

ARTICLE I.

De la Récréation & du Ris.

Il est de la bien-séance & de l'honnêteté de prendre tous les jours quelques récréations aprés les repas, avec les personnes avec qui on demeure, & avec qui on mange, & il n'est pas honnête de les quitter aussi-tôt qu'on est sorti de table.

La récréation se passe ordinairement en conversant d'une maniere aisée, & en faisant des contes plaisans & agréables, qui donnent occasion de rire, & qui divertissent la compagnie ; il faut cependant bien prendre garde que ces sortes de discours n'ayent rien de rampant, & qui ressente une basse éducation, mais qu'ils soient relevez par une maniere de les exprimer, qui donne de l'éclat, du lustre & de l'agrément à leur simplicité.

Le Sage dit, qu'il y a un tems de rire, & c'est proprement le tems qui suit le repas ; car outre qu'on ne peut pas s'appliquer à des occupations sérieuses aussi-tôt aprés les repas, se tenir gay & libre dans le tems qui les suit immédiatement, est une chose qui aide beaucoup à la digestion des viandes.

Il n'est jamais permis de se récréer aux dépens des autres, le respect qu'on doit avoir pour le prochain, demande qu'on ne se réjoüisse jamais de rien qui puisse faire peine à qui que ce soit.

Il y a trois choses principalement, dont il ne faut jamais rire. Les choses qui touchent la Religion, les paroles ou les actions dés-honnêtes, les imperfections des autres, & quelque accident fâcheux qui leur sera arrivé.

Pour ce qui est des choses qui regardent la Religion, il y auroit du libertinage & de l'impieté de s'en faire un sujet de rire, & de s'en divertir. Il faut qu'un Chrétien en toutes occasions donne des marques d'estime & de veneration, pour tout ce qui regarde le culte de Dieu. C'est pourquoi il faut bien se garder de tourner en risée les paroles de la sainte Ecriture, comme il arrive à quelques-uns.

On ne doit jamais les avoir en la bouche que par un sentiment d'esprit Chrétien, & pour s'animer à la pratique du bien & de la vertu.

La bien-séance veut qu'on ait une si grande horreur pour tout ce qui approche tant soit peu de l'impureté, & que bien loin de permettre d'en rire & de s'en divertir, elle ne permet pas même qu'on témoigne avoir pour agréable rien de ce qui la touche.

Ceux qui rient des choses de cette nature marquent qu'ils vivent plus selon le corps que selon l'esprit, & qu'ils ont le cœur tout-à-fait corrompu.

A l'égard des imperfections des autres, ou elles sont naturelles, ou elles sont vicieuses; si elles sont naturelles, il est indigne d'un homme de bon sens

& d'un ſage conduite d'en rire & de s'en divertir, puiſque celui qui les a, n'en eſt pas la cauſe, & qu'il ne dépend pas de lui de ne les pas avoir, & qu'il n'y a point d'homme à qui il n'auroit pû arriver la même choſe; ſi ce ſont des imperfections vicieuſes, & dont on prend occaſion de ſe divertir, cela eſt tout-à-fait contre la charité & contre l'eſprit Chrétien, qui inſpire plûtôt d'en avoir de la compaſſion, & d'aider les autres à s'en corriger, que de s'en faire un ſujet de récréation.

Il n'eſt pas moins contre la bien-ſéance de rire & de ſe divertir de quelque accident fâcheux qui ſeroit arrivé à quelqu'un, car ce ſeroit comme donner des marques ſenſibles qu'on en a de la joye, au lieu que la charité, auſſi bien que l'honnêteté doivent faire prendre part à ce qui peut faire peine aux autres, auſſi-bien qu'à ce qui leur eſt agréable.

C'eſt une incivilité de rire aprés avoir dit quelque bon mot, & de regarder les autres, pour voir s'ils rient de ce qu'on a dit; car c'eſt faire connoître, qu'on croit avoir dit des merveilles. Il ne faut pas non plus rire quand quelqu'autre dit quelque choſe de meſſéant, ou de mal-à-propos, rire de tout ce que l on void & de tout ce que l'on entend, c'eſt reſſembler aux incenſez.

On ne doit pas ſe donner la liberté de rire en tout tems & en toute occaſion, il ne faut pas, par exemple, rire quand on parle, ou quand on a ſujet d'avoir de la peine. La bien-ſéance ne le permet pas non plus dans de certaines occaſions, où on doit tout au moins paroître ſérieux, comme quand quelque parent eſt mort, de qui on eſt heritier, car il ſembleroit qu'on auroit de la joïe de ce qu'il eſt mort.

L'honnêteté ne veut donc pas qu'on rie, qu'il n'y ait quelque ſujet raiſonnable de le faire, & elle prescrit aussi des régles touchant la maniere de rire, & ne permet pas qu'on rie jamais avec beaucoup d'éclat, & encore bien moins qu'on le fasse d'une maniere si dissoluë & si peu sage qu'on en perde la respiration, & qu'on en vienne à faire des gestes indécent. Il n'y a que des gens de peu de sens & de peu de conduite qui puissent en user ainsi : Car c'est le propre de l'insensé, dit l'Ecclesiastique, de lever sa voix en riant ; mais pour ce qui est de l'homme sage, à peine rira-t'il tout bas.

ARTICLE II.

De la Promenade.

LA promenade est un exercice honnête, qui contribuë beaucoup à la santé du corps, & qui rend l'esprit plus disposé aux exercices qui lui sont propres, elle devient un divertissement, lors qu'on y joint des entretiens agréables.

On y fait ordinairement quelque cerémonie pour y prendre place, & la plus honorable est duë à la personne la plus qualifiée de la compagnie.

Celui cependant à qui on fait l'honneur de la presenter, ne doit pas l'accepter à moins qu'il ne soit beaucoup au-dessus des autres, & ne doit le faire qu'aprés avoir salué la compagnie, comme pour la remercier de l'honneur qu'elle lui a faite.

Il est trés-incivil de prendre soi-même la place d'honneur, à moins qu'on ne soit d'une qualité beaucoup superieure aux autres ; & lors que ce sont des personnes qui sont à peu prés égales, qui se promenent ensemble, elles doivent ordinairement prendre place sans discernement, selon qu'elles se rencontrent.

Lors qu'on est trois ou plus à se promener, la

place, qui se doit donner à la personne la plus considérable, est le milieu, la droite est la seconde, & la gauche est la troisiéme; & si ceux qui se proménent ainsi sont égaux, ils peuvent se ceder le milieu alternativement à chaque longueur de promenade, celui qui étoit au milieu se retirant à côté pour laisser prendre le milieu à un de ceux qui étoient à côté de lui.

Dans un Jardin & dans les autres lieux où l'usage n'a rien de terminé, la seconde place est la droite de la personne à qui on fait de l'honneur, ainsi si on y est seul avec elle, on se mettra à sa gauche, & on aura soin de prendre toûjours la gauche chaque fois qu'on tournera; sans néanmoins qu'il y paroisse de l'affectation.

Dans une Chambre, la place où est le lit marque le dessus; si la disposition de la Chambre le permet, sinon il faut se régler sur la porte, qui marque le dessous.

Dans la ruë la place d'honneur est le côté de la muraille; mais si on est trois, le milieu est la premiere place, le côté de la muraille est la seconde, & l'autre côté est la troisiéme.

Ceux qui se promenent doivent toûjours marcher doucement, tout en droite ligne, particulierement si ceux qui se proménent ne sont pas en grand nombre, & si tous sont de qualité à peu prés égale; car si parmi ceux qui se promenent ensemble, il y a quelque personne beaucoup plus considérable que les autres, il est de l'honnêteté de marcher tant soit peu devant pour lui faire honneur, ensorte néanmoins qu'on la puisse entendre & lui parler facilement.

Quand on se promene avec quelqu'un, il n'est pas de la bien-séance de s'en approcher si fort qu'on le touche, & il l'est encore bien moins de lui donner des coups de coude, il ne faut pas non plus se tourner si fort vis-à-vis de celui à qui on veut parler, qu'on l'empêche de marcher, ou qu'on soit incommode aux autres.

Au bout de chaque longueur de promenade, c'est à la personne la plus considerable à se retourner la premiere, & elle doit toûjours le faire en tournant le visage vers celui qui est le plus considerable aprés elle, ou vers celui qui parle, ou alternativement, tantôt à droite, & tantôt à gauche; il est de son honnêteté d'en user ainsi, si les personnes qui sont à ses côtez, sont à peu prés d'égale condition, tous les autres doivent se tourner du côté de celui qui est au milieu.

S'il n'y en a que deux qui se promenent, chacun doit se tourner en dedans, du côté de la personne avec laquelle il se promene, & jamais en dehors, parce qu'il ne pourroit pas le faire, sans tourner le dos à celui avec qui il est, ce qui seroit tout-à-fait contre l'honnêteté.

Si deux personnes d'une qualité beaucoup supérieure, font mettre au milieu d'elles un autre qui leur est inferieur, afin d'entendre plus facilement quelque recit qu'il auroit à leur faire à chaque bout d'allée, l'inferieur aura soin de se retourner du côté de la plus qualifiée des deux, & si ces deux personnes sont d'une qualité à peu prés égale, il prendra garde de se tourner à un bout d'allée du côté de l'un, & à l'autre bout du côté de l'autre; & aussi-tôt qu'il aura achevé le récit qu'il aura à faire, il quittera le milieu, & se mettra de côté, tant soit peu en arriere.

Si on passe par quelque endroit, où il falle marcher seul à seul, chacun doit suivre selon le rang qu'il tient dans la compagnie, en se faisant civilité les uns aux autres ; mais si les personnes n'ont point de qualité particuliere qui les distingue, elles marcheront l'un aprés l'autre, selon qu'elles se rencontreront.

Si cependant le lieu est incommode ou dangereux, un des moins qualifié peut marcher le premier pour montrer le chemin ou en faire l'essai, sans rien faire en cela qui soit contre les régles de la bien-séance.

C'est une grande incivilité en rencontrant une autre compagnie, de quitter la sienne ; car c'est marquer qu'on a bien peu de considération pour les personnes avec qui l'on est, & qu'on en fait bien peu d'estime.

Lors qu'on se promene avec une personne considerable ou même avec une personne égale, ordinairement il n'est pas bien-séant de s'arrêter ; car outre que cela ressent la superiorité, cela est quelquefois ennuyeux aux autres. Si cependant la personne avec qui on se promene, s'arrête il faut aussi s'arrêter & avoir égard de ne point avancer pendant tout le tems que cette personne demeure ainsi arrêtée.

ARTICLE III.

Du Jeu.

LE Jeu est un divertissement qui est quelquefois permis, mais il ne faut le prendre qu'avec beaucoup de précaution ; c'est une occupation à laquelle on peut employer quelque tems, mais il faut qu'on y apporte aussi de la retenuë ; il faut beaucoup de précaution pour ne s'y pas laisser aller à quelque passion dereglée : Il faut de la retenuë pour ne pas s'y donner tout entier, ni y donner trop de tems.

Comme il est impossible de s'y conduire avec bienséance, sans ces deux conditions, il n'est pas aussi permis de joüer sans elles.

Il y a particulierement deux passions ausquelles on doit prendre garde de ne se pas laisser aller dans le jeu : La premiere, est l'avarice, & c'est aussi celle ordinairement qui est la source de la seconde, qui est l'impatience & les emportemens.

Ceux qui joüent doivent bien prendre garde de ne pas joüer par avarice ; le jeu n'ayant pas été inventé pour gagner de l'argent, mais seulement pour relâcher un peu l'esprit & le corps, aprés le travail.

C'est ce qui fait qu'il n'est pas bien-séant de joüer de grosses sommes, mais simplement quelque peu d'argent, qui ne puisse pas ni enrichir celui qui gagne, ni apauvrir celui qui perd, mais qui serve à entretenir le jeu, & à donner plus d'inclination pour gagner. Qui est ce qui contribuë beaucoup au plaisir du jeu.

C'est une grande incivilité de s'impatienter dans le jeu, quand on n'y réüssit pas comme on le souhaiteroit ; mais il est honteux de s'y abandonner à des emportemens, & encore bien plus d'y jurer. On doit s'y comporter d'une maniere sage & paisible, pour ne pas troubler le divertissement.

Il est tout-à-fait contre l'honnêteté de tromper au jeu, c'est même un larcin ; & si on gagne on est obligé à restitution, quand même on auroit gagné en partie par son industrie.

L'argent que l'on gagne ne doit pas s'éxiger avec empressement, mais si quelqu'un a manqué de mettre au jeu & qu'il ait perdu ; il ne faut lui demander ou l'engager de mettre au jeu, ce dont il est redevable, que d'une maniere honnête, en lui représentant ſeulement qu'il n'a pas mis au jeu, en cette maniere.

Vous vous êtes apparemment oublié de mettre au jeu, ou s'il a perdu, & qu'on continuë à joüer : Ayez la bonté de mettre deux fois au jeu, où il manque une telle ſomme de ce qu'il devoit y avoir, n'y ayant pas mis la derniere fois ; il faut bien ſe garder en ces occaſions d'uſer de ces manieres de parler. Payez, mettez au jeu.

Quoi qu'il faille faire paroître en joüant beaucoup de gayeté ſur ſon viſage, parce qu'on ne joüe que pour ſe divertir ; il eſt cependant contre la bien-séance de témoigner une joye extraordinaire quand on gagne, auſſi-bien que de ſe troubler, de ſe chagriner, ou de ſe fâcher quand on perd ; car c'eſt une marque qu'on ne jouë que pour gagner de l'argent. L'un des meilleurs moyens dont on puiſſe ſe ſervir, pour ne pas tomber dans quelqu'un de ces déreglemens, eſt de ne joüer que ſi peu d'argent que ni le gain, ni la perte ne ſoient pas capables d'exciter aucune paſſion dans ceux qui joüent.

Il eſt auſſi incivil de chanter ou de ſiffler en joüant, quand même on ne le feroit que doucement & entre ſes dents ; il l'eſt encore bien plus de tambouriner des doigts ou des pieds, c'eſt cependant ce qui arrive quelquefois à ceux qui ſont fort appliquez à leur jeu.

S'il arrive quelque differend dans le jeu, il faut bien ſe garder de crier, de conteſter ou de s'opiniâtrer, mais ſi on eſt obligé de ſoûtenir un coup, ce doit être avec beaucoup de retenuë & d'honnêteté, expoſant ſimplement & en peu de mots, le droit qu'on croid avoir, ſans même élever ni changer tant ſoit peu le ton de la voix ; lors qu'on le perd, il eſt de l'honnêteté de payer toûjours avant qu'on le demande ; car c'eſt la marque d'un eſprit genereux & d'une perſonne bien née, de bien payer ce qu'on doit au jeu, ſans faire paroître aucune peine.

On ne doit jamais entreprendre de joüer avec une perſonne d'une qualité beaucoup ſuperieure, qu'elle ne le commande ; mais quand une perſonne de qualité oblige quelqu'un, qui eſt d'une condition beaucoup inferieure à la ſienne, de joüer avec elle ; il faut qu'il ait bien de l'égard de ne pas témoigner, ni d'empreſſement dans le jeu, ni d'envie de gagner ; car c'eſt une marque de petiteſſe d'eſprit & de baſſeſſe de condition.

Si on ſçait même que la perſonne, avec qui on joüe, & à qui on doit du reſpect, a de la peine de perdre, il ne faut pas, ſi l'on gagne quitter le jeu, à moins que cela ne vienne d'elle, ou qu'elle n'ait regagné ce qu elle avoit perdu ; mais ſi on perd, on peut ſe retirer honnêtement, & cela eſt toûjours permis, quelque perſonne que ſoit celle avec qui on joüe.

Il eſt de l'honnêteté de faire paroître qu'on a bien du contentement, lors qu'une perſonne, à qui on doit du reſpect, gagne en joüant, particulierement lors qu'on ne joüe pas ſoi-même, & qu'on eſt ſeulement ſpectateur.

Il eſt de conſequence de s'abſtenir entierement de joüer, ſi on n'eſt pas d'une humeur commode dans le jeu ; car il en pourroit arriver bien des inconveniens, qu'on eſt obligé de prévenir ; mais ſi la perſonne avec laquelle on joüe eſt d'une humeur fâcheuſe ; il ne faut pas témoigner ſe faire de la peine, ni de ſes paroles, ni de ſes manieres d'agir ; on doit encore bien moins prendre garde à ſes emportemens ; il faut tâcher de pourſuivre tranquillement ſon jeu, comme ſi de rien n'étoit : la prudence même & la sagesse demandent qu'on prenne tout en bonne part, & qu'on ne sorte jamais du respect qu'on doit à cette personne, ni du calme qu'on doit toûjours conserver dans son esprit.

Il est trés incivil de se mocquer de quelque personne qui auroit manqué d'adresse en joüant ; si des personnes plus qualifiées viennent pour joüer, & qu'on occupe la place, il est de l'honnêteté de la leur ceder ; & si l'on joüe avec quelque personne d'une qualité supérieure, deux contre deux, & que cette personne ait gagné la partie, son associé doit bien se garder de dire, Nous avons gagné, mais, Vous avez gagné, Monsieur, ou Monsieur a gagné.

Il est tout-à-fait contre la bien-séance de s'échauffer au jeu ; il ne faut pas cependant s'y négliger, ni se laisser perdre par complaisance, afin de ne pas laisser croire à la personne avec qui on joüe, qu'on se met peu en peine de contribuer à son divertissement.

On peut joüer à plusieurs sortes de jeux, dont les uns exercent plus l'esprit, & les autres exercent particulierement le corps.

Les jeux qui exercent le corps, comme la Paume, le Mail, la Boule, les Quilles, sont préferables aux autres, & même à ceux qui exercent & qui appliquent trop l'esprit, comme sont les Echets & les Dames. Lors qu'on joüe à ces sortes de jeux, qui donnent de l'éxercice au corps, il faut bien se donner de garde de faire des contortions de corps ridicules ou indécentes, il faut aussi avoir egard de ne s'y pas trop échauffer, & de s'abstenir de se déboutonner, de quitter ses habits, ou même son chapeau ; car ce sont des choses que la bien-séance ne permet pas. Lors qu'on joüe aux Echets ou aux Dames, il est de l'honnêteté de présenter à la personne, avec qui on joüe, les Echets blancs, & les Dames blanches

ches, ou de les placer devant elle, ou du moins de l'y aider, ou de se disposer à le faire, & de ne pas souffrir qu'on nous donne les Echets blancs, ou les Dames blanches, ni qu'on les place devant nous.

Il y a quelques jeux de Cartes ausquels il peut être permis de joüer quelquefois, tel qu'est le Piquet, parce que l'adresse y a quelque part, & qu'ils ne sont pas purement de hazard; mais il y en a qui sont tellement du hazard, comme sont le Brelan, le Lansquenet, les jeux de Dez, & d'autres semblables; qu'ils sont non-seulement défendus par la Loi de Dieu; mais qu'il n'est pas même permis d'y joüer, selon les régles de la bien-séance. Ainsi ils doivent être regardez comme indignes d'une personne qui a de l'éducation.

L'honnêteté veut aussi que le tems qu'on employe au jeu soit moderé, & que bien loin de joüer continuellement, camme font quelques-uns; on ne joüe pas même trop souvent, ni plusieurs heures de suite; car ce seroit faire son occupation d'une chose, qui n'est proprement qu'une cessation ou une interruption d'emploi, pour un petit tems; & c'est ce qui ne peut s'accommoder avec la sagesse que doit avoir une personne qui a de la conduite.

ARTICLE IV.

Du Chant.

LE Chant est un divertissement qui est non-seulement permis, mais qui est même fort honnête, & qui peut beaucoup servir à récréer l'esprit d'une maniere trés-agréable & fort innocente en même tems.

La bien-séance cependant, aussi-bien que la Religion, veulent qu'un Chrétien ne se laisse pas aller à chanter toutes ſortes de chanſons, & qu'il prenne particulierement garde de ne pas chanter des chanſons déshonnêtes, ni aucunes, dont les paroles ſoient, ou trop libres, ou à double entente. En un mot, il eſt trés-indécent à un Chrétien de chanter des airs qui portent à l'impieté, ou dans leſquels on faſſe gloire de faire bonne chere, où dont les expreſſions & les termes témoignent qu'on ſe fait honneur, & qu'on prend un trés-grand plaiſir de s'abandonner à l'excés du vin; car outre qu'il eſt de trés-mauvaiſe grace d'avoir de telles paroles dans la bouche, elles pourroient beaucoup contribuer à donner de l'inclination de tomber dans ces ſortes de déreglemens, quand même on n'y ſeroit pas actuellement: les chanſons inſpirant bien plus facilement à l'eſprit ce qu'elles contiennent, que non pas les paroles ſeules.

Saint Paul nous marque préciſément en deux endroits differens de ſes Epîtres, que ce que des Chrétiens doivent chanter, ſont des Pſeaumes, des Hymnes & des Cantiques ſpirituels, & qu'ils les doivent chanter du fond de leurs cœurs, & avec affection, parce qu'ils contiennent les loüanges de Dieu. Ce ſont-là en effet les ſeuls airs qu'on devroit entendre dans les maiſons des Chrétiens, dans leſquelles le vice, & tout ce qui y porte, n'eſt pas moins contraire à bien-ſéance, qu'aux régles de l'Evangile, & dans leſquelles on ne doit rien entendre chanter, qui ne donne occaſion de loüer Dieu, & qui ne porte à la pratique du bien, & à l'éxercice de la vertu.

C'étoit auſſi la pratique des anciens Patriarches qui ne faiſoient des Cantiques, qui ne fuſſent, ou pour loüer Dieu, où pour le remercier de quelque bien-fait qu'ils avoient reçû de lui. David qui en a composé un grand nombre, les a tous composez à la loüange de Dieu ; l'Eglise qui se les est appropriez, qui les chante tous les jours, & qui les met dans la bouche des Chrétiens, les jours qu'ils s'assemblent solemnellement, pour rendre leurs devoirs à Dieu, semble les inviter à les chanter aussi, & à les répeter souvent en leur particulier, & les peres & meres à les apprendre à leurs enfans.

Comme on a traduit ces saints Cantique en nôtre Langue, & qu'on les y a mis en chant, tout le monde a la commodité & la facilité de les pouvoir chanter, aussi-bien que de les entendre, & de se remplir l'esprit & le cœur des saintes affections ; dont ils sont pleins. Ce devroit être aussi un grand plaisir & un veritable divertissement pour les Chrétiens, de benir & de loüer souvent le Dieu de leur cœur.

Ce que l'honnêteté demande de ceux qui sçavent chanter ou joüer de quelque instrument, est de ne le faire jamais connoître, de n'en donner aucune marque, & de n'en jamais parler, pour se procurer de l'estime par ce moyen ; mais si cela vient à être connu, & que dans la rencontre, quelqu'un à qui on doive du respect ou de la déference, prie de joüer ou de chanter quelque air, soit pour faire connoître ce qu'on sçait, soit pour divertir la Compagnie, on peut honnêtement s'en excuser, & pour l'ordinaire il est à propos de le faire ; mais si cette personne persiste & fait instance ; ce ne seroit pas sçavoir le monde, si on hésitoit davantage à chanter ou à joüer de l'instrument, comme on en prie ; car s'il arrivoit qu'on ne chantât pas tout-à-fait bien, ou qu'on ne fût pas habile à toucher l'instrument, ceux de la Compagnie auroient ensuite sujet de dire, que cela ne valoit pas la peine de se faire tant prier, au lieu qu'en acquiesçant d'une maniere honnête, & sans beaucoup de retard, on se met à couvert de tous les reproches, ou au moins on n'y donne aucune occasion.

Il faut, lors qu'on est ainsi obligé de chanter en Compagnie, éviter de tousser & de cracher, & il faut bien se garder de se loüer soi-même, & de dire, par exemple : voilà un bel endroit, en voici encore un plus beau, prenez garde à cette chute, &c. cela a trop l'air de vanité & de propre estime, & c'est une marque qu'on s'en fait à croire. Il n'est pas non plus bien-séant de faire de certains gestes, qui marquent de la complaisance ; c'est ce qu'il n'est pas aussi bien de faire, lors qu'on joüe de quelque instrument.

Lors qu'on est ainsi prié de chanter ou de joüer de quelque instrument, il ne faut pas faire l'un ou l'autre trop long-tems, car il faut éviter d'être ennuyeux, afin de ne donner occasion à personne de dire ou de penser, que c'est assez.

Ce seroit une incivilité de le dire, si la personne qui chante, mérite quelque considération ; c'est aussi une grande incivilité d'interrompre une personne qui chante.

Il faut bien prendre garde de ne jamais chanter seul & entre ses dents, cela est bien mal-honnête, en quelque occasion que ce soit ; il ne l'est pas moins de contrefaire une personne que l'on auroit oüi chanter, soit parce qu'elle chante du nez, ou parce qu'elle a des infléxions de voix, ou des manieres qui sont messéantes & desagréables, cela sent le baladin & le farceur de Théatre.

Il est aussi de trés-mauvaise grace d'avoir des manieres de chanter, qui soient ou grossieres ou affectées & singulieres.

Le moyen de bien chanter & agréablement, c'est de le faire d'une maniere tot-à-fait naturelle.

ARTICLE V.

Des Divertissemens qui ne sont pas permis.

IL y a d'autres divertissemens, dont on ne traitera pas ici fort au long, parce qu'ils ne sont nullement permis à un Chrétien, ni par les Loix de la Religion, ni par les régles de la bien-séance.

Il y en a qui ne sont ordinaires qu'aux Riches, & ce sont les Bals, les Danses & les Comédies. Il y en a qui sont plus ordinaires aux Artisans & aux Pauvres, tels que sont les Spectacles des Operateurs, des Baladins, des danseurs de cordes & des Marionnettes, &c.

A l'égard des Bals, il suffit de dire que ce sont des assemblées, dont la conduite n'est ni Chrétienne ni honnête; elles se font de nuit, parce qu'il semble qu'on se veüille cacher à soi-même, ce qui se passe d'indécent dans ces assemblées, & qu'on les veüille passer dans les tenébres, afin d'y avoir plus de liberté pour y connoître le crime. Les personnes chez qui elles se tiennent, sont d'une obligation indispensable d'ouvrir leur porte indifferemment à tout le monde, ce qui fait que leurs maisons deviennent comme des lieux infâmes & publiques, où les peres & meres exposent leurs propres filles à toutes sortes de jeunes garçons, qui ont la liberté d'entrer dans ces Assemblées; prennent aussi celle d'examiner toutes ces personnes qui les composent, de s'attacher à celles qui leur plaisent davantage, de les entretenir, de les mener danser, de les cajoler, & de prendre avec elles des libertez que les peres & les meres auroient honte de leur permettre dans leurs maiſons particulieres ; & les filles par le luxe & la vanité qui paroiſſent dans leurs ajuſtemens, par le peu de modeſtie qui ſe rencontre dans leurs regards, dans leurs geſtes, & dans toute leur perſonne, ſe proſtituënt aux yeux & aux déſirs de tous ceux qui entrent dans ces Bals, & donnent occaſion à ceux qui ſont les plus moderez, d'avoir des ſentimens bien éloignez de ceux que la pudeur & l'honnêteté Chrétienne devroient leur inſpirer.

Pour ce qui eſt des Danſes, qui ſe font dans des maiſons particulieres, avec moins d'excés, elles ne ſont pas moins contre la bien-séance, que celles qui ſe font avec plus d'éclat dans les Bals ; car ſi un ancien Païen a dit, qu'il n'y a perſonne qui danſe, étant ſobre, s'il n'a perdu l'eſprit ; qu'eſt-ce que l'eſprit Chrétien peut inſpirer touchant ce divertiſſement, qui n'eſt propre, dit ſaint Ambroiſe, qu'à exciter des paſſions honteuſes, & dans leſquels la pudeur perd tout ſon éclat parmi le bruit qu'on fait en ſautant, & en s'abandonnant à la diſſolution. C'eſt aux Meres impudiques & adulteres, dit ce ſaint Pere, à ſouffrir que leurs filles danſent, & non pas aux meres chaſtes & fidelles à leurs Epoux, qui doivent apprendre à leurs filles, à aimer la vertu, & non pas la Danſe, dans laquelle, dit ſaint Chriſoſtome, le corps eſt deshonoré par des démarches honteuſes & indécentes ; & l'ame l'eſt encore bien davantage ; car les Danſes ſont les jeux des Démons, & ceux qui en font leurs divertiſſemens & leurs plaiſirs, ſont les miniſtres & les eſclaves des Démons, & ſe conduiſent en bêtes, plûtôt qu'en hommes, puis qu'ils s'y abandonnent à des plaiſirs brutaux.

Quoique les Comédies paſſent dans le monde pour un divertiſſement honnête ; elles ſont cependant la honte & la confusion du Christianisme. En effet, ceux qui s'adonnent à cet emploi ; & qui en font leur profession, ne sont-ils pas publiquement notez d'infamie, peut-on aimer une profession, en couvrant de confusion ceux qui l'exercent, & cet art n'est-il pas infâme & honteux, dans lequel toute l'adresse des Comédiens consiste à exciter, & en eux-mêmes, & dans les autres des passions honteuses, pour lesquelles une personne bien née ne peut avoir que de l'horreur. Si on y chante, on y entend que des airs qui sont rendus propres à fortifier ces mêmes passions, y a-t'il de l'honnêteté & de la bienséance dans les ajustemens, dans la nudité & dans la liberté des Comédiens & des Comédiennes ; & y a-t'il quelque chose dans leurs gestes, dans leurs paroles & dans leurs postures, qui ne soit indécent à un Chrétien, non-seulement de faire, mais même de voir. Il est donc tout-à-fait contre l'honnêteté d'en faire son plaisir & son divertissement.

Les Théatres des Operateurs & des Baladins, qui sont ordinairement dressez dans les places publiques, sont regardez comme indécens par tous les honnêtes gens, & ce ne sont ordinairement que les Artisans & les Pauvres qui s'y arrêtent ; il semble même que ce soit pour eux que le Démon les ait dressez, afin que comme ils n'ont pas le moyen de goûter le poison dont il se sert pour perdre les ames dans les Comédies, le puissent facilement s'en rassasier aux pieds de ces Thréatres publics ; & c'est pour cette fin qu'il y employe des Bouffons, qu'il les exerce, qu'il les forme, & qu'il s'en sert, selon l'expression de S. Chrisostome, comme une peste, dont il infecte toutes les Villes dans lesquelles ils vont : Aussi-tôt que ces Bouffons ridicules, dit ce saint Pere, ont proferé quelque blasphême, ou quelques paroles déshonnêtes, on void que les plus fous s'emportent dans des éclats de rire, ils leurs applaudissent pour des choses pour lesquelles on devroit les lapider.

C'est donc un divertissement bien honteux, & un détestable plaisir, selon l'expression de ce Pere, que celui que l'on prend à ces sortes des spéctacles; & ceux qui s'y trouvent, font paroître qu'ils ont le cœur & l'esprit bien bas, & bien peu de Christianisme.

Il n'est pas plus séant à un Chrétien de se trouver à des répresentations de Marionnettes, dans lesquelles il n'y auroit rien qui parût agréables & divertissant, si on y mêloit des paroles qui fussent ou impertinentes ou déshonnêtes, avec des postures & des mouvemens tout-à-fait indécens. C'est pour ce sujet qu'une personne sage ne doit regarder ces sortes de spectacles qu'avec mépris, & que les peres & les meres ne doivent jamais permettre à leurs enfans d'y assister, & doivent leur en inspirer beaucoup d honneur, comme étant contraire à ce que la bien-séance, aussi-bien que la pieté Chrétienne exige d'eux.

L'honnêteté ne permet pas non plus de se trouver aux spectacles des Danseurs de cordes, qui exposant tous les jours leur vie, aussi-bien que leur ame, pour divertir les autres, ne peuvent être ni admirez, ni même regardez par une personne raisonnable, puis qu'ils font ce qui doit être condamné de tout le monde, en suivant les seules lumieres de la raison.

CHAPITRE VI.

Des Visites.

ARTICLE PREMIER.

De l'obligation que la bien-séance impose de faire des Visites, & des dispositions qu'on doit y apporter.

ON ne peut, en vivant dans le monde, se dispenser de faire quelquefois des visites, & d'en recevoir, c'est une obligation que la bien-séance impose à tous les Séculiers.

La sainte Vierge même, quoique retirée en a rendu une à sa Cousine sainte Elizabeth; & il semble que l'Evangile ne la rapporte fort au long, qu'afin qu'elle puisse être le modele des nôtres. Jesus-Christ aussi en a rendu plusieurs fois, par un simple mouvement de charité, n'y ayant d'ailleurs aucune obligation.

Pour bien connoître, & pour discerner en quelles occasions on doit rendre des visites, il faut se persuader que la bien-séance Chrétienne ne doit se régler en cela que sur la justice & sur la charité, & qu'elle ne peut exiger qu'on rende des visites, que ce ne soit, ou par necessité, ou pour donner à quelqu'un des marques de respect, ou pour entretenir l'union & la charité.

Les occasions dans lesquelles la bien-séance, fondé sur la justice, veut qu'on fasse des visites, sont, lors qu'un pere, par exemple, a un enfant, ou qu'un enfant a son pere malade; ils sont obligez l'un & l'autre de visiter celui qui est malade, pour lui rendre tous les devoirs que la pieté & la justice Chrétienne, aussi bien que la bien-séance exigent d'eux.

Quand quelqu'un a de la haine & de l'aversion pour quelqu'autre personne, l'un & l'autre sont obligez, selon les régles de l'Evangile, de se visiter, pour se reconcilier ensemble & vivre tout-à-fait en paix.

La bien-séance Chrétienne se régle sur la charité dans les visites, lors qu'on en rend, ou pour contribuer au salut du prochain, en quelque maniere que ce soit, ou pour lui rendre quelque service temporel, ou pour lui rendre ses respects, lors qu'on lui est inferieur, ou pour conserver avec lui une union tout-à-fait Chretienne. C'a toûjours été dans quelqu'une de ces vûës, & par quelques uns de ces motifs, que Jesus-Christ Nôtre Seigneur s'est conduit dans toutes les visites qu'il a renduës; car c'étoit, ou pour convertir les ames à Dieu, comme dans la visite qu'il rendit à Zachée; ou pour ressusciter des morts, comme lors qu'il alla chez sainte Marthe, aprés la mort du Lazare, & chez le Chef de la Sinagogue; ou pour guerir des malades, comme lors qu il alla chez saint Pierre & chez le Centenier; quoi qu'il ne fît tous ces miracles, qu'afin de gagner les cœurs à Dieu, ou pour marque d'amitié & de bien-veillance, comme dans la derniere visite qu'il rendit aux saintes Marthe & Marie Magdeleine.

Il n'est donc pas permis à un homme d'une conduite sage & réglée de rendre continuellement des visites aux uns & aux autres; car c'est une vie malheureuse, dit le Sage, d'aller ainsi de maison en maison; & faire un trés-grand nombre de visites inutiles, comme font quelques-uns, c'est perdre un tems trés-précieux, que Dieu ne nous a donné, qu'afin de l'employer pour le Ciel.

On doit aussi prendre garde dans les visites qu'on rend, de ne les pas faire trop longue; cela est ordinairement, ou ennuyeux, ou incommode aux autres.

A l'égard des personnes ausquelles on rend visite, il faut avoir égard qu'elles ne vivent pas dans la débauche, ni dans le libertinage, & qu'elles ne fassent rien paroître dans leurs discours, qui marquent ou de l'impieté, ou du manquement de Religion. La bien-séance ne peut souffrir qu'on ait communication avec ces sortes de personnes.

Lors qu'on veut rendre visite à une personne, pour qui on doit avoir de la consideration, & à qui on doit du respect, il faut avoir soin de prendre du linge blanc, & des habits propres, car c'est une marque de respect, il faut aussi prévoir auparavant ce qu'on aura à lui dire.

Si quelqu'un chargé de quelque commission à l'égard de la personne qu'on va voir, on doit faire une attention particulierement à ce qu'il dit, & si on ne l'entend pas bien, ou si on ne le comprend pas, il faut le faire connoître honnêtement, & en demandant excuse, afin, ou qu'on le répete, ou qu'on le fasse mieux comprendre; il est cependant de l'honnêteté de faire ensorte de ne jamais obliger une personne à répeter ce qu'elle nous a dit.

ARTICLE II.

De la maniere d'entrer chez une personne à qui on rend visite.

Lors qu'on rend visite à quelqu'un, si la porte est fermée, c'est une grande incivilité de heurter fort, & de fraper plus d'un coup, il faut, & fraper doucement, & ettendre patiemment qu'on ouvre la porte.

A la porte d'une Chambre, ce n'eſt pas ſçavoir ſon monde, de frapper, il faut gratter ſi la perſonne ne vient, il faut s'éloigner da la porte, afin qu'on ne ſoit pas trouvé comme écoutant & faiſant l'eſpion, ce qui ſeroit fort choquant, & de trés-mauvaiſe grace.

Lors qu'on ouvre la porte, & que celui qui ouvre demande le nom, il faut le dire, & jamais ne le qualifier du nom de Monſieur.

Si la perſonne qu'on va viſiter eſt d'une qualité beaucoup ſuperieure, & n'eſt pas au logis, il n'eſt pas bien-séant de dire ſon nom, mais il faut dire qu'on reviendra une autre fois.

Si on eſt tout-à-fait étranger dans la maiſon où on va, c'eſt une effronterie d'y entrer de ſoi-même, ſans y être introduit; il faut attendre qu'on diſe d'entrer, quand même la porte ſeroit ouverte; s'il n'y a perſonne pour y introduire, & que raiſonnablement on croyoit avoir la liberté d'entrer, on doit entrer ſans faire de bruit, & ne pas pouſſer la porte bien fort; on doit auſſi prendre garde, lors qu'on ouvre ou qu'on ferme une porte, & lors qu'on marche, de le faire fort doucement & ſans bruit.

Il eſt trés-incivil, lors qu'on ouvre une porte, de la laiſſer ouverte, il faut avoir ſoin de la fermer s'il n'y a perſonne pour le faire.

Lors qu'on attend dans une Salle ou dans l'Antichambre, il n'eſt pas bien-séant de ſe promener, cela eſt même défendu chez les Princes; & il l'eſt encore moins de chanter ou de ſifler.

Il eſt de l'honnêteté d'avoir la tête nuë dans les Salle & dans les Antichambres, quand même il n'y auroit perſonne; & lors qu'on eſt chez une perſonne d'une qualité éminente, on doit avoir égard de ne pas ſe couvrir, & de ne pas ſe ſeoir le dos tourné à son portrait, ou à celui d'une personne qu'on doit respecter.

Ce seroit une incivilité d'entrer la tête couverte dans des lieux où sont des personne de mérite & de considération, il faut toûjours se découvrir avant que d'y entrer.

Si la personne qu'on visite écrit, ou fait quelqu'autre chose, il n'est pas honnête de la détourner, il faut attendre qu'elle se détourne elle-même: il n'est pas non plus honnête d'entrer hardiment dans un lieu où il y a plusieurs personnes occupées ensemble, à moins qu'il n'y ait quelque affaire fort pressée ou de conséquence qui y oblige, ou qu'on le puisse faire sans être apperçû.

Lors qu'on entre dans la Chambre d'une personne, & qu'elle n'y est pas, il ne faut pas aller de côté & d'autre, ni examiner ce qui est dedans; mais on doit sortir sur le champ, & attendre dans l'Anti-chambre. S'il y a des papiers, des écrits, des lettres, ou autres choses semblables, sur la table de la Chambre, il est incivil de regarder curieusement ce que c'est, il faut au contraire en détourner sa vûë, & s'en éloigner.

ARTICLE III.

De la maniere dont on doit salüer les personnes qu'on visite.

LA premiere chose qu'on doit faire en entsant dans la Chambre d'une personne qu'on visite, est de la saluer, & de lui faire la réverence. Ce fut aussi la premiere chose que l'Evangile nous marque, que fit la sainte Vierge, dans la visite qu'elle rendit à sainte Elizabeth.

On peut saluer quelqu'un de trois manieres differentes, il y a une maniere de saluer, qui est fort ordinaire; qui se fait, premierement en se découvrant de la main droite, & portant le chapeau jusqu'en bas, en étendant tout-à-fait le bras, & en le posant tournez en dehors sur la cuisse droite, & laissant la main gauche dans sa liberté. Secondement, en regardant doucement & honnêtement la personne qu'on saluë. Troisiémement, en baissant la vûë, & inclinant le corps. Quatriémement, en tirant le pied si on veut s'avancer, en le coulant droit en avant; si on veut reculer, en tirant le pied gauche en arriere; si l'on passe à côté, en glissant le pied en avant, du côté de la personne qu'on veut saluer, & en se courbant & saluant la personne, quelques pas avant que d'être vis-à-vis d'elle.

Si on saluë une Compagnie toute entiere, on doit couler le pied en avant, pour saluer la personne la plus considérable, & tirer le pied gauche en arriere pour saluer de côté & dautre toute la Compagnie.

On ne doit jamais entrer dans aucun lieu, sans saluer ceux qui y sont, & c'est a celui qui entre, à saluer le premier ceux qui sont dedans.

C'est aussi ce que doit faire celui qui rend visite, quand même la personne à qui il le rend lui seroit inférieure; & c'est ce que fit la sainte Vierge, à l'égard de sainte Elizabeth. Celui aussi qui reçoit la visite, doit faire ensorte de prévenir & de s'avancer, pour saluer le premier, si même la personne qui rend visite est de grande qualité, ou si on lui doit beaucoup de respect, il est de la bien-séance d'aller le recevoir à la porte, ou même plus avant, lors qu'on est averti de sa venuë, pour lui donner de plus grandes marques du respect qu'on lui porte; c'est ce que firent les saintes Marthe & Marie Madeleine, au rapport de l'Evangile, lors que Jesus-

Christ les alla visiter, pour ressusciter le Lazare. C'est aussi l'honneur que lui fit le Centenier, lors qu'il alla chez lui pour guerir son serviteur, qui étoit malade.

La deuxiéme maniere de saluer, est de saluer dans la conversation, c'est ce qu'on nomme ordinairement une honnêteté; cela se fait simplement en se découvrant, & se courbant tant soit peu, & en glissant le pied d'une maniere imperceptible, lors qu'on est debout.

La troisiéme maniere de saluer, qui est extraordinaire, se fait quand quelqu'un vient de dehors, ou lors qu'on prend congé de quelqu'un avant son départ pour un voyage: cette maniere de saluer se fait comme la premiere; mais il faut ôter son gand de la main droite, se courber humblement, & aprés avoir porté la main jusqu'à terre, la rapporter ensuite douçement auprés de sa bouche, comme pour la baiser; on doit ensuite se relever doucement, de peur que la personne qu'on saluë, venant à s'incliner & peut être à embrasser par honnêteté, on ne lui donne quelque coup de tête.

Celui qui saluë ainsi, doit s'incliner d'autant plus profondement, que la personne qu'il saluë est plus qualifiée.

Une autre maniere extraordinaire de saluer, est d'embrasser la personne qu'on aborde, ce qui se fait en portant la main droite dessus l'épaule, & la gauche dessous, & en se présentant l'un à l'autre la jouë gauche, sans se la toucher ni la baiser.

Le baiser est encore une autre maniere de saluer; qui ne se fait ordinairement que par des personnes qui ont quelque union entre elles, & quelque amitié particuliere. Il étoit fort un usage dans la primitive Eglise, parmi les Fidéles, qui s'en servoient, comme d'une marque sensible d'une union trés-intime entre eux, & d'une charité parfaite ; c'est ainsi que saint Paul exhorte les Romains, & tous les autres ausquels il écrit de se saluer.

La réverence qu'on fait, lors qu'on saluë, ne doit pas être courte, mais basse & grave ; elle se doit aussi faire sans affectation & sans tenir aucune posture indécente, comme seroit de tourner la tête de mauvaise grace, de faire des contortions de corps qui soient désagréables, de se baisser démesurément, ou de se tenir trop droit. Il est indécent en parlant de faire la réverence à chaque mot qu'on dit.

Il est contre la bien-séance de demander aux personnes superieures, & indifferemment à toutes sortes de personnes, lors qu'on les saluë : *Comment vous portez-vous ?* Car à moins que les personnes que l'on saluë, ne soient malades, il n'est pas permis de demander cela qu'à des amis & à des personnes égales.

Une personne cependant, qui est d'une qualité superieure, le peut faire à l'égard d'une personne qui est de moindre condition qu'elle, ou qui est son inferieure.

Il est trés-incivil aux femmes & aux filles qui portent le masque, de saluer quelqu'un ayant le masque sur le visage, il faut toûjours l'ôter, c'est aussi une grande incivilité d'entrer dans la Chambre d'une personne, à qui on doit du respect, la robe troussée, le masque au visage, ou la coëffe sur la tête, à moins que ce ne soit une coëffe claire.

ARTI-

ARTICLE IV.

De la maniere dont on doit aborder une personne à qui on rend visite, & dont on doit s'asseoir & se lever.

QUand on entre dans la Chambre d'une personne, & qu'il y en a d'autres qui lui parlent, il ne faut pas s'approcher, mais demeurer du côté de la porte, jusqu à ce que ces personnes ayent cessé de parler, ou que la personne à qui on a affaire s'avance ou fasse signe d avancer.

Il est incivil, en abordant une personne, soit qu'on la visite, soit qu'on la rencontre, de lui crier tout haut, comme font quelques-uns : *Bon jour, Monsieur, je suis vôtre serviteur*; il faut attendre pour lui parler, qu'on soit proche d'elle, & ne lui parler que d'un ton médiocre.

Aussi-tôt qu'on est entré, il faut faire ses complimens debout, & demeurer en cette posture, jusqu'à ce que les personnes qui sont au-dessus de soi, soient assises; car il n'est pas séant de s'asseoir ou de demeurer assis, pendant que des personne, à qui on doit du respect, sont debout; il ne l'est pas non plus de s'asseoir avant que la personne, à qui on rend visite, le dise, ou qu'elle en fasse signe.

Si la personne qu'on visite est, ou d'une qualité éminente, ou qu'on doive avoir pour elle beaucoup de considération & de respect, il ne faut pas ni s'asseoir, ni se couvrir qu'elle ne le commande expressément; il faut cependant le faire, lors qu'elle l'ordonne en témoignant par quelque signe exterieur, qu'on ne le fait que par la soumission qu'on lui doit; & lors qu'on s'asseoit, il faut avoir égard de se mettre au-dessous de cette personne, de prendre un siége moins considérable que le sien, & de ne se pas placer, ni à côté d'elle, ni tout-à-fait proche, mais à l'autre bout, non pas cependant face à face, mais un peu à côté, parce que cette posture est plus respectueuse ; on ne doit pas non plus, ni la regarder fixement, ni s'en approcher de trop prés, pour ne se pas mettre en danger de la toucher, ou de lui faire sentir son haleine, ou de l'incommoder en quelqu'autre maniere que ce soit.

Afin qu'on sçache discerner & faire le choix des siéges, il est à propos de dire ici que le plus honorable est le fauteüil, & entre les fauteüils, celui qu'on doit préferer est le plus commode.

Aprés le fauteüil, suit la chaise à dos, & aprés la chaise à dos le pliant.

Lors qu'on est dans sa maison, il faut donner la premiere place à ses égaux, & hors de sa maison, il ne la faut accepter, qu'aprés qu'on l'aura offerte deux ou trois fois.

Lors qu'on est assis auprés du feu, pour se chauffer, ou sur un banc dans un Jardin, le milieu est la premiere place, la droite est la deuxiéme, & la gauche est la troisiéme.

Lors qu'on est assis dans une Salle, le côté de la fenêtre est ordinairement la premiere place, & le côté de la porte est la derniere.

Lors qu'on est dans une Chambre, il est fort indécent de s'asseoir sur le lit, particulierement si c'est le lit d'une femme ; & en tout tems, il est trés-malhonnête, & d'une familiarité insupportable de se jetter sur un lit, & de s'y entretenir.

Dans les visites & dans la conversation, il est de la bien-séance de se conformer à ceux qu'on visite, & de ne point affecter de particularité ; & il seroit tout-à-fait contre le respect qu'on doit avoir pour les personnes avec qui on est, d'être assis, lors qu'elles sont debout, de marcher lors qu'elles s'arrêtent, & de lire, & encore plus de dormir, lors qu'elles s'entretiennent.

Il est aussi de l'honnêteté de condescendre & de s'accommoder aux autres, dans tout ce qui est permis, selon la Loi de Dieu; car il n'est jamais permis de la violer par condescendance à qui que ce soit, ni d'approuver le mal qu'on voit faire aux libertins.

Il faut dans ces occasions, ou quitter la Compagnie, ou témoigner la peine qu'on en ressent, par la modestie & la gravité de son visage.

ARTICLE V.

De la maniere dont on doit prendre congé & sortir dans les visites.

LOrs qu'on visite quelqu'un qui est d'une qualité superieure, ou lors qu'on s'apperçoit que la personne, avec qui on est, à quelque affaire, il ne faut pas s'arrêter si long-tems, qu'elle ne soit obligée de donner congé, il est toûjours mieux de se retirer de soi-même, & il est à propos de prendre le tems pour sortir, lorsque la personne, avec qui on est, demeure dans le silence, lors qu'elle appelle quelqu'un, ou quelle donne quelqu'autre indice, qu'elle a affaire ailleurs.

Il ne faut pas sortir sans saluer, & sans prendre congé de la Compagnie; si cependant on est chez une personne de qualité éminente, & qu'un autre lui parle aussi-tôt aprés nous, ou qu'elle s'applique à une autre chose, aussi-tôt aprés nous avoir parlé, il est à propos de sortir sans rien dire, & même sans que cela paroisse; & si on sort seul, il faut ouvrir & fermer sa porte doucement, sans faire aucun bruit, & ne pas se couvrir qu'aprés l'avoir fermée.

On doit faire ensorte, lors qu'on sort de chez une personne qu'on vient de visiter, qu'elle ne se donne pas la peine de nous accompagner, il ne faut pas cependant refuser cet honneur, avec trop d'instance; & en cas que la personne veüille le faire, il faut avoir pendant ce tems-là la tête découverte, & en donner ensuite à cette personne des marques de reconnoissance, en lui faisant profondement la réverence.

Si c'est une personne d'une qualité beaucoup superieure, qui fait cet honneur, il ne faut pas l'en empêcher, car ce ne seroit pas paroître assez persuadé qu'elle sçait ce qu'elle fait, & il arriveroit quelquefois qu'on se défendroit mal-à-propos d'une chose, que cette personne ne feroit pas à nôtre sujet; il faut la laisser venir jusqu'où il lui plaira; & en la quittant la remercier civilement, en lui faisant une profonde réverence.

On peut cependant en cette occasion faire connoître par quelque signe, qu'en cas que ce soit à nous qu'on fasse cet honneur, nous ne nous l'attribuons pas, & cela se doit faire en poursuivant son chemin, sans regarder derriere soi, ou même en se tournant ou en s'arrêtant, comme pour laisser passer la personne qui nous accompagne, & montrer par là qu'on croit qu'elle a affaire ailleurs; s'il paroît manifestement que ce soit à nous que cette personne fait cette civilité, de nous accompagner & de nous conduire; alors il faut s'arrêter tout court, se retirer à côté, & ne point sortir de sa place qu'elle ne soit rentrée dans sa Chambre.

Lors que la personne qu'on a visité, reconduit jusqu'à la porte de la ruë, il ne faut pas, ni monter à cheval ni en carosse en sa présence, mais il faut la prier de rentrer dans sa maison avant qu'on monte ; si cependant elle veut rester, il s'en faut aller à pied & laisser suivre le carosse, ou mener le cheval par la bride, si on est à cheval, jusqu'à ce que cette personne soit rentrée, ou qu'elle ne paroisse plus.

ARTICLE VI.

Des visites qu'on reçoit, & de la maniere de s'y comporter.

On ne doit jamais faire attendre une personne qui vient rendre visite, à moins qu'on ne soit engagé avec des personnes d'une plus haute qualité que n'est celle-là, ou qu'on ne soit occupé à des affaires publiques, & il est tout-à-fait incivil de laisser attendre à la porte, dans une court, dans une cuisine, ou dans une allée ; & si on est obligé de faire attendre quelque tems, il faut que ce soit dans une place propre, où la personne ait commodité de s'asseoir, si elle souhaite, & il est de la bien-séance de lui envoyer quelqu'un, si on le peut, qui soit d'une condition honnête, pour l'entretenir pendant le tems qu'elle sera obligée d'attendre.

Il faut tout quitter pour recevoir la personne qui rend visite, si c'est une personne de plus haute qualité, ou avec qui on n'ait aucune familiarité, on doit quitter la robe de chambre, le bonnet de nuit & le repas, & avoir l'épée au côté, si on la porte, ou le manteau sur les épaules.

Dés lors qu'on est averti que quelque personne, à qui nous devons beaucoup de respect, vient nous visiter, il faut aller à la porte, ou si elle est entrée, le plus loin qu'on peut pour la recevoir, il faut lui faire le plus d'honneur qu'il est possible, l'introduire & la faire asseoir dans la plus belle Chambre, lui donner par tout le pas, & lui donner la place la plus honorable; c'est un honneur qu'il faut rendre dans sa maison, non-seulement aux personnes de plus haute qualité, mais aussi à toute personne, qui n'est pas ou Domestique ou inferieure.

Lors cependant qu'on est visité par une personne de grande qualité, ou qui est beaucoup superieure; si cette personne témoigne souhaiter qu'on retranche une partie des déferences qu'on a pour elle, il ne faut pas s'abstenit à les continuer; la bien-séance demande qu'on fasse paroître alors, par une entiere soumission à cette personne, qu'elle a tout pouvoir dans nôtre maison.

Si la personne qui rend visite, surprend dans la Chambre, il faut se lever promptement, si on est assis, tout quitter pour lui faire honneur & s'abstenir de toute action, jusqu'à ce qu'elle soit sortie; cependant si on est au lit, il y faut demeurer.

Il faut dans sa maison ceder la place la plus honorable, même à ses égaux, il ne faut pas presser un inferieur de prendre une place qu'il ne peut pas accepter sans manquer à son devoir.

Il est incivil de laisser debout des personnes qui rendent visite, il faut toûjours leur offrir des siéges qui soient des plus honorables & des plus commodes; & s'il y en a de plus ou de moins honorables & commodes. Ceux qui le sont le plus doivent être presentez aux personnes de la Compagnie qui sont les plus qualifiées; on doit aussi leur faire plus d'honneur qu'aux autres, il ne faut pas s'asseoir, que la personne qui rend visite ne soit assise, & il faut se mettre sur un siége qui soit moindre que le sien.

Lorsque quelqu'un vient, dans le tems du repas, & entre dans la chambre, il est de l'honnêteté de lui offrir à manger ; mais il est aussi de la bien-séance à celui qui rend visite, si la personne qu'il visite est à Table, de la remercier fort honnêtement, & ils doivent l'un & l'autre se contenter de cela, & comme l'un ne doit pas presser, l'autre ne doit non plus accepter l'offre qu'on lui fait.

Il ne faut jamais dans les visites & dans la conversation, & particulierement dans les visites qu'on reçoit, témoigner qu'on est ennuyé de l'entretien, demandant, par exemple, quelle heure il est ; si cependant on a quelque chose de pressé à faire, on pourroit adroitement le faire tomber dans le discours.

La civilité veut qu'on prévienne ceux avec qui on est, particulierement ceux qui rendent visite dans les choses où on peut leur rendre service, il faut, par exemple, en sortant leur ouvrir les portes, détourner ce qui pourroit ôter la liberté du passage, lever une tapisserie, sonner une cloche, frapper à la porte, ramasser quelque chose qu'on auroit laissé tember, porter la lumiere ; & si c'est une personne qui ait de la peine à marcher, il est de la civilité de lui donner la main, pour lui aider à marcher. Tout le monde doit s'efforcer de prévenir les autres dans ces sortes de choses & en d'autres semblables ; mais une personne à qui on rend visite, a une oblrgation particuliere de le faire à l'égard de la personne qui la lui rend, elle passeroit pour trés-incivile, si elle ne s'acquittoit pas de ce devoir.

Lorsque les personnes qui sont venuës rendre visite sortent de la maison, on doit les aller reconduire jusqu'au-delà de la porte du logis. Si la personne qu on conduit, doit monter en carosse, il ne faut pas la quitter qu'elle ne soit montée, & si c'est une femme il faut l'aider à y monter.

Si cependant on est une personne publique, comme un homme d'Etat, un Magistrat, un Avocat, un Procureur, qui soit tellement occupé, on peut se dispenser de conduire ceux qui visitent ; & il est même de leur discretion de prier celui qu'ils vont voir, de ne pas sortir de sa Chambre ou de son Cabinet.

Si on est avec plusieurs personnes, dont les unes s'en vont, & les autres demeurent ; si la personne qui s'en va est plus considerable que celle qui reste, on doit la reconduire ; si elle est inferieure, il faut la laisser aller, & demeurer avec les autres, en lui demandant néanmoins excuse ; si elle est égale, il est à propos d'examiner, laquelle ou lesquelles, tout consideré, ont plus que les autres, ou quels sont ceux à qui nous sommes plus redevables, & reconduire, ou pien tenir compagnie à ceux qui sont superieurs.

Il est aussi de l'honnêteté, si on avoit laissé chez nous quelque jeune personne, de ne la pas laisser retourner seule chez elle, particulierement s'il étoit nuit, & qu'il y eût loin ; mais il faut la reconduire soi-même, ou la mettre entre les mains de personnes sûres.

ARTICLE VII.

De la maniere dont on doit se comporter lorsque quelqu'un survient dans une Compagnie, ou quelqu'un en sort.

LOrs qu'on est en Compagnie, & que quelqu'un arrive, pour qui on doit avoir de la consideration, si c'est une personne qui soit superieure à celles avec qui on est, on doit demander humblement permission à la Compagnie de lui aller rendre ses devoirs, & puis quitter la Compagnie pour aller la recevoir ; si cette personne est inferieure, il faut ne pas quitter la Compagnie ; mais se contenter de se lever, lors qu'elle entre dans la place où on est, & faire la réverence, ou quelqu'autre signe, qui marque nôtre civilité : on doit toûjours en cette occasion, lorsque la personne qui arrive merite quelque honneur, quitter le discours, le jeu & toute autre chose, & tous doivent se lever, lui faire la réverence, & demeurer debout & découverts, jusqu'à ce que cette personne se soit assise. La bien-séance veut aussi qu'on lui offre la place qui est duë à sa qualité, & qu'on lui dise en peu de mots, ce qu'on disoit & ce qu'on faisoit avant son arrivée : C'est ce que doit faire le Maître du logis, ou celui qui avoit commencé le discours.

Si celui qui arrive, est quelqu'un qui veüille parler, on peut le faire entrer ; & lors qu'il entre, celui à qui il veut parler doit se lever de son siége, & le recevoir debout & découvert, quand même ce ne seroit qu'un Laquais, qui voudroit parler de la part d'une personne, pour laquelle on doit avoir du respect.

Quand quelque personne sort & quitte la Compagnie, tous doivent se lever & lui faire place, & la Compagnie l'ayant saluée, selon que sa qualité le demande. Le Maître du logis doit demander à la Compagnie permission de l'accompagner, en cas qu'elle soit plus qualifiée que celles qui restent, sinon il doit seulement faire excuse à celui qui sort, sans quitter la Compagnie. Ce n'est pas qu'il est de la bien séance d accompagner toûjours celui qui sort plûtôt que ceux qui restent.

Lors qu'on entre dans une Compagnie & qu'on en sort, il ne faut pas passer par le milieu de la Compagnie, & devant ceux qui la composent ; mais les ayant saluez, il faut passer par derriere, si cela se peut, si on ne le peut pas commodément, il faut passer au milieu, en demandant excuse, & en s'inclinant un peu pour saluer la Compagnie.

Quand quelqu'un entre dans une place où il y a Compagnie, si les autres se levent & lui font civilité, il est de son devoir de saluer la Compagnie, & de ne pas prendre, ni la premiere place, ni le siége d'un autre; il ne doit pas non plus souffrir qu'aucun de la Compagnie lui porte un siége; mais il doit prendre la derniere place, & choisir si cela se peut un siége qui soit au-dessous des autres; si cependant on l'oblige de prendre une place plus honorable, il ne doit pas la refuser opiniâtrement, sur tout quand dans la Compagnie il n'y a personne qui soit d'une condition beaucoup plus élevée que la sienne.

Quand quelqu'un sort d'une Compagnie, il doit le faire d'une maniere fort honnête, sans permettre qu'on interrompe, ni le discours, ni ce que l'on fait; ni que les autres se lévent, ni que le Maître du logis quitte sa place pour lui tenir compagnie, à moins qu'honnêtement ou absolument il ne puisse l'en empêcher.

CHAPITRE VII.

Des Entretiens & de la Conversation.

LEs hommes qui viennent dans le monde, ayant toûjours affaire ensemble, sont obligez de converser & de parler souvent les uns avec les autres; c'est ce qui fait qu'une des choses sur lesquelles la bien-séance prescrit plus de régles, est la conversation; elle veut que les Chrétiens y soient extrêmement circonſpects dans leurs paroles : c'eſt le conſeil que leur donne S. Jacques dans ſon Epître ; le Sage même veut que cette circonſpection ſoit ſi grande, que quoi qu'il ſçache l'eſtime qu'on fait dans le monde de l'or & de l'argent ; il veut cependant qu'on préfere l'attention qu'on doit avoir dans ces paroles à l'affection que les hommes ont naturellement de conſerver leur or & leur argent ; en diſant, qu'il faut fondre ſon or & ſon argent, & en faire une balance pour peſer ſes paroles, c'eſt ſans doute avec ſujet ; car ſi, comme dit le même Apôtre ſaint Jacques, on peut s'aſſûrer qu'un homme eſt parfait lors qu'il ne commet point de peché ; & en parlant on doit auſſi ſe perſuader, que celui qui dans ſes paroles ne fait point de fautes contre la bien-ſéance, ſçait parfaitement bien comment il faut vivre dans le monde & a une conduite exterieure, trés-ſage & trés-réglée.

Cette circonſpection qu'on doit avoir dans ſes paroles, demande qu'elles ſoient accompagnées de quelques conditions, dont on traitera dans l'Article ſuivant.

ARTICLE I.

Des conditions dont la bien-ſéance veut qu'on accompagne ſes paroles.

LA bien-ſéance veut qu'un Chrétien ne profere jamais aucune parole qui ſoit contraire à la verité ou à la ſincerité, qui manque de reſpect pour Dieu & de charité à l'égard du prochain, & qui ne ſoit neceſſaire ou utile ; & dites avec prudence & avec diſcrétion. Ce ſont-là les conditions dont elle exige que toutes nos paroles ſoient accompagnées.

§. I.

De la verité & de la sincerité que la bien-séance exige dans les paroles.

L'Honnêteté ne peut souffrir qu'on dise jamais aucune fausseté, elle veut au contraire que suivant l'avis de saint Paul, chacun dise la verité, en parlant à son prochain ; & elle fait regarder, selon le sentiment du Sage, le mensonge comme une tache honteuse dans un homme, & la vie des menteurs comme une vie sans honneur, que la confusion accompagne toûjours : Elle veut aussi avec le même Sage, que le mensonge, dans lequel on seroit tombé par foiblesse ou par ignorance, n'éxempte pas de confusion.

C'est ce qui fait que le Prophete Roi aussi éclairé des régles de la bien-séance que de la veritable pieté, dit que si quelqu'un veut que ses jours soient heureux, il doit garder sa bouche de proferer des mensonges, & le Sage veut que nous regardions le mensonge comme une chose si détestable, qu'il dit qu'un voleur vaut mieux qu'un homme qui ment sans cesse, parce que le mensonge se trouve toûjours dans la bouche des gens dereglez ; on peut même dire, qu'il suffit de s'adonner au mensonge, quand on auroit que ce seul vice pour devenir bien tôt déreglé ; & la raison est celle que donne Jesus-Christ, lorsque pour inspirer plus d'horreur du mensonge, il dit que le Diable en est l'Auteur & le pere.

Le mensonge étant quelque chose de si honteux, tout ce qui en approche tant soit peu, est tout-à-fait contraire à la bien-séance ; ainsi il n'est pas honnête, lorsque quelqu'un nous interroge, ou que nous lui parlons, de lui dire des paroles qui soient équivoques & à double sens ; & il est plus séant ordinairement de s'excuser honnêtement de répondre, lors qu'il paroît qu'on ne peut pas dire simplement ce qui est vrai, ou ce que l'on pense, que d'être double dans les paroles, car la langue double, dit le Sage, attire une grande confusion ; & c'est aussi ce que saint Paul condamne dans les Ecclesiastiques, comme une chose qui en eux n'est pas supportable.

Il faut particulierement être circonspects dans ses paroles, lorsque quelqu'un nous a confié quelque secret ; ce seroit une grande imprudence de le découvrir, quand même nous recommanderions à celui à qui nous le disons, de n'en parler à personne, & que celui qui nous l'a révelé ne nous auroit pas chargé de ne le pas dire à d'autres ; car comme dit trés-bien le Sage, celui qui découvre les secrets de son ami, perd toute créance, & se met en état de ne plus trouver d'amis, selon son cœur ; il regarde même cette faute, comme étant beaucoup plus considérable, que de donner des injures à son ami ; en disant, qu'aprés des injures, il y a encore lieu de se réconcilier ; mais que lors qu'une ame est assez malheureuse pour en venir jusqu'à réveler les secrets de son ami ; il ne reste plus aucune esperance de retour, & que c'est en vain que l'on tâche de le regagner.

§. II.

Des fautes qu'on peut faire contre la bien-séance en parlant contre la Loy de Dieu.

IL y a des gens qui se font honneur de faire paroître de l'irreligion dans leurs discours, soit en mêlant des paroles de l'Ecriture Sainte parmi des choses profanes, soit en riant & en se divertissant de choses saintes & des pratiques de Religion, soit en faisant gloire de quelque peché ; & quelquefois des actions qu'ils ont commises : Ce sont proprement ceux-là, dont le Sage dit, que leurs entretiens sont insupportables, parce qu'ils font un jeu & un divertissement du peché même. Leur conduite est aussi tout-à-fait contre la bien-séance.

Les juremens & les blasphêmes sont aussi des plus grandes fautes qu'on puisse faire contre les Loix de la bien-séance, c'est ce qui fait que dans les Compagnies on fait moins d'état d'un jureur que d'un Chartier, & on a une telle horreur, que selon que le dit l'Ecclesiastique, qui expose d'une maniere admirable, ce qui est selon les régles de la bien-séance. Le discours de celui qui jure souvent fait dresser les cheveux à la tête ; & à ces mots horribles on doit se boucher les oreilles ; il ajoûte même, pour engager ceux qui jurent à s'en déshabituer, que la playe ne sortira point de leur maison, mais qu'elle sera toûjours remplie de la peine qu'ils en souffriront ; il faut donc prendre garde, en suivant l'avis du même Sage, de n'avoir pas sans cesse le nom de Dieu dans la bouche, & de ne pas mêler dans ses discours les noms des Saints, quand ce ne seroit qu'inutilement & sans aucun mauvais dessein, mais seulement par habitude ; car on ne doit pas prononcer les noms de Dieu & des Saints avec irréverence, & sans une juste raison ; & il n'est jamais séant de mêler dans les discours ordinaires ces sortes de paroles : *Jesus, Maria*, Helas, mon Dieu ! il n'est pas même séant de prononcer de certains juremens qui ne signifient rien, comme, *Pardi*, *Mardi*, *Morbleu*, *Jarni*, *&c.* Ces sortes de paroles ne doivent jamais être dans la bouche d'une personne bien née, lors qu'on en prononce quelqu'une de cette nature devant des personnes pour qui on est obligé d'avoir de la considération, on perd le respect qu'on leur doit. On ne doit pas s'excuser, selon le sentiment du Sage, sur ce qu'on jure sans faire tort à personne; car ce n'est pas, dit-il, une excuse qui justifie devant Dieu.

§. III.

Des fautes qu'on peut faire contre la bien-séance en parlant contre la Charité que l'on doit au prochain.

LA civilité est si exacte à l'égard de ce qui regarde le prochain, qu'elle ne permet pas qu'on le choque en quoi que ce soit; c'est pourquoi elle ne donne pas la liberté de parler jamais mal de personne. C'est aussi une chose que saint Jacques avertit les premiers Chrétiens être contraire à la Loi de Dieu; en disant que celui qui médit de son frere, médit de la Loi. Il est donc trés mal-honnête de trouver toûjours à redire à la conduite des autres; & si on ne veut pas en dire du bien, on doit se taire. Le Sage ordonne que lorsque quelqu'un médit d'un autre, on bouche ses oreilles avec des épines, il veut même qu'on s'éloigne si fort de la médisance qu'on n'écoute pas une méchante langue.

Il ne veut pas qu'on rapporte à quelqu'un, ce qu'un autre a dit de lui; & il avertit qu'on prenne bien garde de n'en avoir pas la réputation, parce que, dit-il, le semeur de rapports, sera haï de tout le monde. Il faut donc, selon l'avis du même Sage, pour se conduire avec bien-séance, lors qu'on a entendu une parole contre son prochain, la faire mourir dans soi-même.

Lors qu'on entend médire de quelqu'un, la civilité veut qu'on excuse ses défauts, & qu'on fasse ensorte d'en dire du bien, qu'on tourne en bonne part, & qu'on estime quelque action qu'il aura faite. C'est le moyen de s'attirer l'affection des autres, & de se rendre agréable à tout le monde.

Il est trés-mal-honnête de parler désavantageusement d'une personne absente devant une autre qui auroit les mêmes défauts ; comme qui diroit, c'est une petite tête, devant une personne qui a la tête petite ; ou c'est un boiteux, devant un autre qui boite ; ces sortes de paroles offensent les présens aussi-bien que les absens ; mais il est encore beaucoup plus méséant de faire à quelqu'un des reproches d'un défaut naturel, cela est d'un esprit bas & mal élevé.

ARTICLE II.

De la maniere dont on doit parler des personnes & des choses.

IL est trés-mal-honnête de parler de soi, de faire des comparaisons de sa conduite avec celle des autres, de dire par exemple, pour moi je n'en use pas ainsi il ne faut pas cela. Une personne de ma qualité, &c. Ces sortes de discours sont importuns & indiscrets ; car il n'est jamais séant de faire comparaison de soi avec les autres, & des autres entr'eux, ces sortes de comparaisons sont toûjours odieuses.

Il y a des gens qui sont tellement pleins d'eux-mêmes, qu'ils entretiennent toûjours ceux avec qui ils conversent, de ce qu'ils ont fait, & ce qu'ils font, & qu'on doit beaucoup estimer toutes leurs paroles & toutes leurs actions. Cette conduite dans les entretiens est trés-incommode & beaucoup à charge aux autres.

Se vanter & parler avantageusement de soi, est une chose qui choque tout-à-fait la bien-séance ; c'est aussi une marque d'un petit esprit, & il est d'un homme sage de ne jamais parler de ce qui le regarde, si ce ſi ce n'eſt pour répondre à ce qu'on lui demande ; encore, doit-il le faire avec beaucoup de modération, beaucoup de modeſtie & de retenuë.

Lors qu'on raconte quelque choſe qu'on a fait, ou qui s'eſt paſſée quand on étoit en la Compagnie d'une perſonne d'une qualité beaucoup ſupérieure. Il eſt de fort mauvaiſe grace de parler en plurier, & de dire, par exemple, *Nous allâmes*, ou *nous fîmes une telle choſe* ; il ne faut pas alors, ni ſe loüer, ni même parler de ſoi : mais il eſt de l'honnêteté de parler de la choſe, comme ſi on n'y avoit pas eu de part, de dire, *Monſieur fit une telle choſe*, *Monſieur alla en un tel endroit*.

Lors auſſi qu'un inferieur parle d'une action qu'une perſonne, à qui il doit du reſpect, a fait à ſon égard, il n'eſt pas à propos qu'il diſe cruëment, *Monſieur me dit cela*, *Monſieur me vint voir*; mais il faut uſer de ces termes, ou de ſemblables manieres de s'exprimer : *Monſieur me fit l'honneur de me dire cela*, *Monſieur me fit l'honneur de me venir voir*; ou bien en s'adreſſant à cette perſonne, *Vous eûtes la bonté*, *vous me fites la grace de vous employer pour moi*, &c.

L'honnêteté demande, quand on a à parler des autres, qu'on en parle toûjours d'une maniere avantageuſe, c'eſt pourquoi on ne doit jamais parler de qui que ce ſoit, qu'on en aye du bien à dire. Il n'y a perſonne, quelque méchant qu'il ſoit, dont on ne puiſſe dire du bien. Il ne ſeroit pas cependant séant de parler en bonne part d'une perſonne qui auroit fait quelque faute publique, ou commis quelque infamie ; il vaut mieux dans ces occaſions garder le ſilence à ſon égard ; & ſi d'autres en parlent, témoigner qu'on en a de la compaſſion.

Il faut auſſi faire paroître dans ſes diſcours, qu'on a de l'eſtime pour les autres ; c'eſt pourquoi il ne faut pas se contenter d'en parler avec avantage ; mais on doit prendre garde de ne le pas faire froidement, ou en disant quelque chose qui aille en leur honneur, de ne pas ajoûter un *mais*, qui ôte toute l'estime que ce qu'on a dit en pourroit donner.

Il faut toûjours parler des personnes dont on s'entretient, d'une maniere respectueuse, & avec des termes qui marquent beaucoup de déference pour elle, à moins que cette personne soit inferieure ; & encore en cette occasion, doit-on se servir d'expressions honnêtes, qui marquent qu'on a de la consideration pour elles.

La bien-séance ne permet pas, lors qu'on veut appeller quelqu'un, de l'apper tout haut, ni sur un escalier, ni par une fenêtre ; ce seroit aussi manquer au respect qu'on doit avoir pour les personnes, avec qui on est, que d'user de cette liberté ; on doit, ou envoyer quelqu'un ; pour chercher la personne, dont on a besoin, ou l'aller chercher soi-même, pour le faire venir.

Si on étoit en la compagnie d'une personne à qui on doit du respect, & qu'elle eût besoin de quelqu'un, il ne faudroit pas souffrir qu'elle allât le chercher ; mais il seroit de l'honnêteté de lui rendre proprement ce service.

C'est une incivilité de demander à une personne superieure, comme elle se porte, quand on la saluë, à moins qu'elle ne soit malade ou incommodée ; cela n'est permis qu'à l'égard des personnes qui sont d'une condition égale ou inferieure.

Si on veut témoigner à quelqu'un, à qui on doit beaucoup de respect, la joye qu'on a de sa santé, il est à propos, avant que de lui parler, de s'informer de quelque Domestique, comment elle se porte, & puis de lui dire d'une maniere honnête : J'ai bien de la joye, Monsieur, que vous soyez en parfaite santé.

Lors qu'on demande à quelqu'un comment il se porte, il doit répondre : Je me porte trés-bien, par la grace de Dieu, disposé à vous rendre mes trés-humbles respects, ou se servir de quelques expressions semblables, que l'esprit pourra fournir.

Il y a des personnes qui, lors qu'elles sont en compagnie, ne parlent que de ce qu'elles aiment, & quelquefois même des choses, dont l'affection leur sera trés-singuliere ; si elles aiment un Chien, un Chat, un Oiseau, ou quelqu'autre Bête, elles en feront continuellement le sujet de leur conversation; elles lui parleront même de tems en tems, en présence des autres, & interrompront quelquefois pour cela le discours ; cela même les empêche souvent de faire attention à ce que les autres disent. Toutes ces manieres d'agir sont des marques de petitesse & de bassesse d'esprit, & sont trés-contraires aux régles de la bien-séance, & au respect qu'on doit avoir pour les personnes avec qui on converse, & elles ne sont pas supportables dans une personne bien née ; car ces sortes d'affections étant quelque chose de bien bas, il est trés-messéant d'en témoigner tant de contentement, & de les faire paroître avec tant d'éclat.

Il y en a d'autres, que quand ils ont fait quelque voyage ou quelque affaire, ou quand il leur est arrivé quelque accident, soit qu'il soit agréable, soit qu'il soit fâcheux, ne cessent de parler de ce qui leur est arrivé ou de ce qu'ils ont vu ou entendu, ou de ce qu'ils ont fait ; il semble que parce que ces sortes de narrations leur plaisent, elles doivent aussi plaire à ceux qui les entendent ; c'est une marque de l'amour qu'ils ont pour eux-mêmes, & de la complaisance qu'ils ont dans tout ce qu'ils font, ou qui leur arrive.

ARTICLE III.

De la maniere d'interroger, de s'informer, de reprendre, & de dire son sentiment.

C'Est une grande incivilité d'interroger & de faire des questions à une personne, pour qui on doit avoir de la consideration, & même à quelque personne que ce soit, à moins qu'elle ne nous soit beaucoup inférieure, & qu'elle dépende de nous, ou qu'on ne soit obligé de le faire parler : & en ce cas on doit le faire d'une maniere fort honnête, avec beaucoup de circonspection.

Lors qu'on veut sçavoir quelque chose d'une personne, à qui on doit du respect, il est de la bienséance de lui parler, de maniere qu'elle soit obligée de répondre à ce qu'on lui demande, sans cependant l'interroger, si on veut sçavoir, par exemple, si une personne ira en compagnie, ou en quelque endroit, il seroit incivil & contre le respect, de lui dire: *Irez-vous, Monsieur, à la campagne*; cela est choquant & trop familier; mais il faudroit se servir de semblables façons de parler : *Vous irez sans doute à la campagne*, ou *en un tel endroit*; cette maniere de tourner la chose n'a rien d'offençant, que la curiosité qu'on excuse, quand elle est respectueuse.

C'est aussi une incivilité, en parlant à une personne, de lui dire : *Vous m'entendez bien. M'entendez-vous bien Je ne sçai si je m'explique bien. &c.* Il faut sans user de toutes ces façons de parler, pour suivre son discours.

Quand on entre dans une compagnie, il est fort malhonnête de s'informer de ce qu'on y dit. Ces sortes d'informations sont trop familieres, & sont d'une personne qui ne sçait pas vivre ; il faut se contenter, quand on eſt aſſis, d'écouter celui qui parle; & d'entrer à propos dans la converſation.

Il ne faut pas non plus dans la converſation s'informer ou vouloir ſçavoir d'une perſonne, quelque honnêtement qu'on le demande, où elle a été, d'où elle vient, ce qu'elle a fait, ou ce qu'elle veut faire; ces ſortes de queſtions ſont trop libres, & ne ſont nullement permiſes, il ne faut point ordinairement s'informer de ce qui regarde les autres, à moins qu'on ait une particuliere obligation de le faire, pour ſçavoir quelque choſe qui regarde la perſonne qui s'informe ou qui a rapport à elle.

C'eſt une incivilité imprudente de prévenir une perſonne qui interroge, en répondant avant qu'elle ait achevé de parler, quand même on ſçauroit bien ce qu'elle veut dire.

C'eſt auſſi une incivilité de répondre le premier à une perſonne à qui on doit du reſpect, lors qu'elle demande quelque choſe, en préſence d'autres perſonnes qui ſont au-deſſus de ſoi, quand même il ne s'agiroit que de choſes communes & ordinaires; par exemple, ſi elle demandoit quelle heure il eſt, on doit laiſſer répondre les perſonnes les plus conſidérables de la compagnie, à moins que celui qui interroge ne s'adreſſe à quelqu'un en particulier, qui ſeroit alors obligé de répondre.

Il eſt trés-mal-honnête & peu reſpectueux lors qu'on répond à quelqu'un, ſoit à ſes parens, ſoit à d'autres, de dire ſimplement, oüi & non, il faut toûjours y ajoûter quelques termes d'honneur, & dire par exemple, *Oüi, mon Pere, oüi, Monſieur*; on doit cependant prendre garde de ne pas répeter trop ſouvent ces mots dans le diſcours, ce qui ſeroit incommode & ennuyeux aux uns & aux autres.

Lors qu'en répondant on eſt obligé de contredire

une personne, pour qui on doit avoir de la considération, il n'est pas séant de le faire cruëment, on doit alors user de circonlocution, en disant : *Vous me pardonnerez, Monsieur*, ou *je vous demande pardon, Monsieur, si j'ose dire que, &c.*

ARTICLE IV.

De ce que la bien-séance permet ou ne permet pas à l'egard de disputer, d'interrompre & de répondre.

SAint Paul avertit son Disciple Timothée, de ne point s'arrêter à des disputes de paroles : Rien aussi n'est plus contraire aux régles de la bien-séance; on doit dans cette vûë, selon le sentiment du même Apôtre, rejetter toutes les questions sottes & inutiles, parce qu'elles ne causent que des disputes.

En effet, si on veut empêcher une chose, il faut en ôter les occasions, & la raison qu'en donne S. Paul, est que le Serviteur de Dieu ne doit point contester.

Il faut donc bien prendre garde, lors qu'on est en compagnie de ne se point opposer aux sentimens des autres, & de ne rien exposer qui soit capable d'exciter des disputes & des contestations ; mais si les autres avancent quelque chose qui ne soit pas vrai, ou qui paroisse être dit mal-à-propos, on peut proposer simplement sa pensée, & avec tant de déference que ceux qui seront d'un sentiment contraire ne s'en fasse pas de peine. Si quelqu'un contredit nôtre sentiment, nous devons témoigner que nous le soûmettons volontiers au sien, à moins que le sien ne soit tout-à-fait contraire aux Maximes Chrétiennes & aux régles de l'Evangile ; car alors on seroit obligé de soutenir ce qu'on a avancé ; mais on doit le faire d'une maniere si honteuse & si respectueuse, que la personne que l'on contredit, bien loin de s'en offenser, écoute volontiers nos raisons, & s'y rende, à moins qu'elle ne soit tout-à-fait èntêtée & dérai sonnable; car la parole douce, selon la sentiment du Sage, acquiert beaucoup d'amis, & adoucit les ennemis.

Si on se trouve avec une personne qui soit facile à prendre un sentiment contraire, la bien-séance demande qu'on ne soit pas facile à dire son sentiment sur quelque chose; car comme dit fort bien le Sage, la promptitude à disputer, allume le feu de la colere, & comme les grands parleurs sont plus sujets à soûtenir opiniatrément leur sentiment: il faut, suivant l'avis du même sage, ne pas disputer avec un grand parleur, pour ne pas mettre davantage de bois dans son feu. On doit sur tout prendre garde, comme il le conseille encore, de ne jamais contredire la parole de verité. C'est pourquoi si on n'est pas bien instruit de quelque chose, on doit toûjours prendre le parti de se taire & d'écouter les autres.

ARTICLE V.

Des Complimens & des mauvaises manieres de parler.

IL y deux sortes de complimens; les uns par lesquels nous exprimons quelque passion, soit de conjoüissance, pour témoigner de la joye de quelque chose d'avantageux, qui est arrivé à la personne que nous rencontrons, ou que nous allons voir, soit de condoléance, par laquelle nous donnons à la personne, à qui il est arrivé quelque chose de fâcheux, des marques de la douleur que nous en ressentons; ou de remercie mens, en témoignant nôtre reconnoissance, pour les bienfaits que nous avons reçûs de quelqu'un, & l'obligation que nous lui en avons, lui protestant de nôtre affection & fidelité à son service ; on bien c'est une protestation que nous faisons à quelqu'un de nôtre soumission à son égard, & de nôtre soumission à son égard, & de nôtre fidelité à son service ; c'est quelquefois aussi pour nous plaindre, & pour témoigner nôtre ressentiment de quelque tort qui nous a été fait : Ces sortes de complimens doivent être faits d'une maniere qui soit naturelle, sans affectation, & sans qu'il paroisse qu'on les a étudiez ; car alors la bouche parlant de l'abondance du cœur, persuade bien mieux que tout ce que l'on pourroit dire avec préparation, qui étant moins naturel, ne sera jamais si bien reçû.

Une autre sorte de compliment, est la loüange, celle-ci demande beaucoup plus de circonspection & d'adresse que l'autre, pour persuader que l'on dit la verité. Pour rendre cette sorte de compliment agréable, il faut que celui que nous loüons soit persuadé que nous le sommes de son merite, & alors le compliment sera sincere & obligeant ; il faut aussi prendre garde dans ces sortes de complimens de ne point élever les personnes, à qui on les fait, beaucoup au-dessus de ce qu'elles sont, & de ne pas faire de grandes exagérations qui se détruisent d'elles-mêmes ; il faut pour que cette sorte de complimens soient raisonnables, qu'il y ait de la sincerité & de la verité, ensorte que par la droiture, la sagesse & la modération, qui doivent toûjours s'y rencontrer, que la modestie ne soit point blessée, ni dans celui qui les dit, ni dans celui qui les reçoit. C'est pourquoi celui qui les exprime, doit se souvenir, que quoiqu'il faille beaucoup estimer les autres, on doit cependant les loüer peu, & avec beaucoup de précaution & de retenuë, suivant l'avis du Sage, qui nous dit avec raison, qu'il ne faut loüer personne avant la mort ; car dans les loüanges, il y a toûjours à craindre, à l'égard de celui qui les donne, qui ne manque de sincerité, & à l'égard de celui qui les reçoit; qu'il n'en tire de la vanité. C'est pourquoi ces sortes de complimens doivent être rares, & ne doivent être faits qu'avec beaucoup de prudence & de circonspection.

CHAPITRE VIII.

De la maniere de se comporter en marchant dans les ruës & dans les voyages, en carosse & à cheval.

On doit faire attention, lors qu'on marche dans les ruës, de ne marcher ni trop lentement, ni trop vîte. La lenteur dans le marcher est une marque, ou de pesanteur, ou de négligence; il est cependant plus indécent de marcher trop vîte, cela est beaucoup plus contre la modestie.

Il n'est pas à propos de s'arrêter dans les ruës même, pour parler à quelqu'un, à moins qu'il n'y ait quelque necessité, encore ne faut-il le faire que pour peu de tems.

Lors qu'on va en voyage avec une personne, à qui on doit du respect, il est de la bien-séance de s'accommoder à tout, de trouver tout bon, de ne se faire peine de rien, de ne jamais faire attendre aprés soi, d'être toûjours prête à rendre service à tous les autres; il y en a qui dans les voyages n'ont jamais de bonnes Chambres, jamais de bons lits, & qui ne trouvant rien de bien, ni de bien fait, sont toûjours trés-incommodes aux autres.

S'il arrive dans les voyages qu'on soit obligé de coucher dans la chambre d'une personne, pour qui on doit avoir du respect, il est de la civilité de la laisser dés-habiller & coucher la premier, & ensuite de se des-habiller à l'écart, & auprés du lit où on doit coucher, puis de se coucher doucement, & ne faire aucun bruit pendant la nuit.

L'honnêteté demande aussi comme on s'est couché le dernier qu'on se léve le premier ; car il n'est pas honnête qu'une personne qu'on doit honorer nous voye dés-habillé, ni aucun de nos habits traîner.

Il est de fort mauvaise grace, lors qu'on est arrivé au lieu où on doit loger, de courir aux chambres & aux lits, pour choisir les meilleurs ; il seroit même mal-honnête à une personne, qui seroit beaucoup au-dessus des autres, de prendre pour elle tout ce qu'il y a de bon & de commode dans un mauvais logement, sans se mettre en peine si les autres ont la moindre commodité.

Lors qu'on monte en carosse, il faut toûjours prendre la moindre place, si on est de qualité infetieure à ceux avec qui on y entre.

Dans un carosse il y a ordinairement deux places au fonds, & deux sur le devant ; la premiere place du fond est à droite, la seconde à gauche ; & en cas qu'il y en ait trois, la troisiéme est au milieu ; s'il y a deux portieres, la premiere est à droite, la seconde à gauche ; & les places qui sont du côté du fonds, sont les principales.

Si on monte en carosse avec une personne de qualité superieure, ou qu'on doit honorer, il est du respect qu'on lui doit, de la laisser monter la premiere, & d y entrer le dernier ; lors cependant que cette personne ordonne de monter en son carosse, avant elle, quoiqu'il ne le faille faire, qu'en étant fort pressé, on doit cependant se rendre, aprés avoir témoigné par quelque signe de civilité, qu'on se fait violence, puis s'asseoir à la derniere place, & n'en pas prendre une plus haute, qu'on n'y soit comme forcé.

On peut & on doit se mettre dans le fonds du carosse, si la personne de qualité, avec qui on y est l'ordonne, & se mettre auprés d'elle, si elle le souhaite; car il n'est pas permis de le faire, sans un ordre exprés; il n'est pas non plus de la bien-séance de se mettre sur le devant, vis-à-vis d'elle, mais on doit se retirer à sa gauche, ensorte cependant qu'on soit tourné de son côté, & ne se pas couvrir qu'elle n'en ait fait instance.

Lors qu'on est en carosse, il est trés-incivil d'y regarder en face qui que ce soit de ceux qui y sont, de s'appuyer contre le dossier, & de s'accouder en quelqu'endroit que ce soit, on doit y tenir le corps droit & retenu, & les pieds joints le plus que l'on peut, ne pas croiser les jambes, & ne les pas mettre trop prés de celles des autres, à moins qu'on ne soit fort pressé, & qu'on ne puisse faire autrement.

Il est aussi trés-indécent, & tout à-fait contre la bien-séance de cracher dans le carosse, & si on est obligé d'y cracher, on doit le faire dans son mouchoir; si on crache par une portiere, ce qui n'est pas tout-à-fait honnête, à moins qu'on ne soit assis, on doit alors porter la main vers la jouë pour la couvrir.

Quand on sort du carosse, il est de la civilité de descendre le premier, sans attendre qu'on le dise, afin de donner la main à la personne qualifiée, quand elle sort, soit homme, soit femme, pour l'aider à descendre, on doit aussi toûjours descendre par la portiere qui est la plus proche, s'il n'y a point d'inconvenient; si même il n'y a personne pour ouvrir la portiere, il est à propos de se presser de le faire, lors qu'une personne de qualité, descendant de son Carosse, ordonne d'y demeurer pour l'y attendre, il est de la bien-séance d'en descendre en même tems qu'elle, tant par respect, que pour l'aider, & y remonter ensuite ; on doit aussi en descendre encore lors qu'elle y veut remonter, & n'y rentrer qu'aprés elle.

Lors qu'étant en Carosse, on se rencontre en un lieu par où passe le saint Sacrement, on doit descendre de carosse, & se mettre à genoux, si c'est une Procession ou un Enterrement ; ou bien le Roi, la Reine, les Princes les plus proches du Sang Royal, ou les personnes d'un caractere ou d'une dignité éminente ; il est du devoir & du respect de faire arrêter le carosse, jusqu'à ce qu'elles soient passées, aux hommes d'avoir la tête nuë, & aux femmes de lever le masque.

Il n'est pas de la bien-séance de monter en carosse ou a cheval devant une personne, pour qui on doit avoir quelque considération ; si on ne peut obtenir d'elle honnêtement qu'elle se retire, avant que l'on monte, il est à propos de faire avancer le carosse ou le cheval, jusqu'à ce qu'on ne la voye plus, & d'y monter ensuite.

Lors qu'on monte à cheval avec une personne qu'on doit honorer, il est de l'honnêteté de la laisser monter la premiere, de l'aider à monter, & de tenir l'étrier ; il faut aussi de même qu'à pied lui ceder la premiere place, & aller un peu derriere elle, se réglant sur le train qu'elle va ; si cependant on étoit au-dessus du vent, & qu'on jettât de la poussiere sur cette personne, il faudroit changer de place.

S'il se rencontre une Riviere, un Gué, ou un bourbier à passer, il est de l'ordre & de la raison de passer le premier ; & si on est derriere & qu'on doive passer aprés la personne, à qui on doit du respect, on doit s'eloigner d'elle suffisamment, afin que le cheval ne jette sur elle, ni eau, ni bouë. Si cette personne galoppe, il faut prendre garde de n'aller pas plus vîte qu'elle, & de ne pas vouloir faire paroître les bonnes qualitez de son cheval, à moins que cette personne ne le commande expressément.

CHAPITRE IX.

Des Lettres.

COmme un Chrétien doit tâcher de ne pas faire de visites inutiles, la bien-séance demande aussi qu'il fasse ensorte de ne point écrire de Lettres qu'elles ne paroissent être nécessaires.

Il y a trois sortes de Lettres, par rapport aux personnes; car on écrit à ses supérieurs ou à ses égaux, ou à ses inferieurs; il y en a aussi de trois sortes, eu égard aux choses qu'on écrit; car ce sont ou des Lettres d'affaires, ou des Lettres familieres, ou des Lettres de complimens; toutes ces sortes de Lettres demandent chacune leur stile & leur maniere particuliere.

Il faut que celles qu'on adresse à ses Superieures, soient trés-respectueuses; que celles qu'on adresse à ses égaux, soient honnêtes & donnent toûjours quelques marques de considération & de respect: pour ce qui est de celles qu'on écrit à ses inférieurs, on doit leur y donner des témoignages d'affection & de bien-veillance.

Lors qu'on écrit des Lettres d'affaires, on doit d'abord entrer dans le sujet, se servir de termes propres à la chose, dont on parle, & s'expliquer nettement & sans confusion. Si on a à parler de plus d'une affaire, il est à propos d'écrire par Articles, pour rendre ce qu'on a à dire plus clair, & son stile plus net. Les Lettres familieres doivent être de même stile que la maniere dont on s'exprime dans le discours, pourvû qu'elle soit correcte, & on doit s'y faire entendre, comme si on parloit.

Les Lettres de complimens doivent être civiles & obligeantes, & ne doivent pas être plus longues que les Complimens qu'on est obligé de faire.

Il est plus respectueux, lors qu'on écrit à une personne qui est superieure, de se servir de grand papier, & à qui que ce soit qu'on écrive, le papier doit être double ; on peut se servir de petit papier, pour écrire des Billets, mais il faut toûjours que le papier soit double.

On commence toutes les Lettres par ce mot, *Monsieur*, ou *Monseigneur* ; & si on écrit à une femme, ou à une fille, par un de ceux-ci, *Madame*, ou *Mademoiselle* ; si on écrit à son pere, on se sert de ces termes, *Monsieur*, *mon trés-honoré Pere*, & ces mots, *Monsieur* on *Madame*, *&c* doivent s'écrire tout du long, sans abréviation ; car de les écrire autrement, cela seroit tout-à-fait contre le respect. Le mot, *Monsieur*, s'écrit seul au haut de la Lettre, du côté gauche, & entre ce mot, *Monsieur*, & le commencement de la Lettre, on doit laisser l'espace de plusieurs lignes de blanc, il faut en laisser plus ou moins, selon la qualité des personnes à qui on écrit, & en laisser plûtôt plus que moins ; mais il faut sur tout prendre garde que le premier mot du corps de la Lettre ne puisse pas faire de liaison, & comme une même période avec celui de Monsieur, comme cela seroit, si aprés le mot de Monsieur, on commençoit la lecture par cette expression : *Vôtre Laquais m'est venu dire* ; c'est à quoi on doit aussi faire attention dans le discours.

Il seroit trés-à-propos que les Chrétiens commençassent leurs Lettres par ces paroles, dont se sert ordinairement saint Paul, dans celles qu'il écrit, *La grace de Nôtre Seigneur Jesus-Christ soit avec vous*, ou *avec nous*. Les personnes superieures doivent dire avec vous, & celles qui ſont égales avec nous. Pour ce qui eſt des perſonnes inferieures, la bien-ſéance veut qu'en écrivant aux perſonnes qui leur ſont ſuperieures, elles commencent par leur demander leur benediction, & leur donner des marques de leur entiere & ſincere ſoûmiſſion.

Lors qu'on écrit à des perſonnes d'une qualité éminente, il n'eſt pas ſéant de ſe ſervir du terme de vous; mais il faut pour l'ordinaire, en leur adreſſant le diſcours, employer le terme qui exprime le titre de leur qualité. Ainſi au lieu de dire vous, on doit dire aux Princes, *Vôtre Alteſſe*, aux Evêques, aux Ducs & Pairs & aux Miniſtres d'Etat, *Vôtre Grandeur*, aux Religieux qualifiez, *Vôtre Reverence*, aux perſonnes à qui on doit du reſpect, il eſt à propos de répeter de tems en tems dans le corps de la Lettre, *Monſieur* ou *Madame*; il faut cependant prendre garde de ne le pas mettre deux fois dans une même période, & de ne le pas mettre aprés le mot de *Moi*, ou d'une perſonne inferieure, & il faut mettre le mot de *Monſeigneur*, avant le titre d'honneur & le mot de *Monſieur* aprés celui de *Vous*, en cette maniere: *C'eſt vous, Monſieur, de qui j'ai reçû cette grace.*

On doit dans le corps de la Lettre employer le terme qui exprime le titre d'honneur, tout autant de fois qu'on le peut naturellement & ſans le tirer de loin, ſinon il faut ſe ſervir du terme de *Vous*.

Lors qu'on ſe ſert du titre d'honneur, on doit tourner la phraſe à la troiſiéme perſonne, en diſant, par exemple, *Vôtre Alteſſe, Monſeigneur, me permettra bien de lui dire Vôtre Grandeur ſçait bien ce qui s'eſt paſſé, &c.* Il faut écrire ce terme, qui marque la qualité tout du long, au moins la premiere fois qu'on le met dans chaque page, & quand on l'abrege, mettre pour Vôtre Majesté, V. M. pour Vôtre Altesse, V. A. & ainsi des autres.

On met encore le terme de *Monsieur*, ou de *Monseigneur*, à la fin de la Lettre, selon la qualité de la personne à qui l'on écrit; & ce nom, *Monsieur*, doit être dans le milieu du blanc du papier, qui reste entre la fin de la Lettre, & ces paroles, *Vôtre trés-humble & tres-obéïssant Serviteur.* Le terme de *Monseigneur*, se met le plus bas que l'on peut; & si on a donné à la personne, à qui on écrit, un titre d'honneur dans le corps de la Lettre, au bas de la Lettre, aprés ce terme, *Monseigneur*, il faut mettre de suite, mais un peu plus bas, en cette maniere: *Monseigneur*, *de vôtre Altesse*, *de vôtre Excellence*, ou *de vôtre Grandeur*, *le trés-humble*, *&c.*

On doit prendre garde, en écrivant, de se servir des termes d'honnêteté & de civilité, dont on est obligé de se servir en parlant, pour garder les régles de la bien-séance, & il n'est pas permis de se servir de ces termes de service & d'amitié, à l'égard des personnes qui sont superieures, ou pour lesquelles on doit avoir de la considération & du respect; on ne doit en user qu'à l'égard des personnes qui sont pour le moins un peu inferieures, on ne doit pas dire, par exemple: *Vous m'avez fait cette amitié*, *&c* mais, *Vous*, *Monsieur*, *avez eû la bonté de me faire cette grace*

Il faut que le stile de la Lettre soit tel que le sujet dont on traite. Si par exemple on parle d'une affaire sérieuse, il faut que le stile soit sérieux, & il faut bien se garder de se servir de quelque expression familiere, & encore moins de termes risibles. On doit aussi faire ensorte que le stile soit net & concis; car il est à propos dans les Lettres, de s'étudier à mettre les choses en peu de mots, c'est la maniere d'écrire

crire qui a plus d'air & qui agrée davantage : Si la Lettre qu'on écrit est une réponse, il faut d'abord marquer la datte de la Lettre qu'on a reçûë, & répondre Article par Article tous les chefs, & puis ajoûter ensuite ce qu'on a à mander de nouveau.

S'il y a encore beaucoup à écrire de la Lettre, & qu'il ne paroisse pas y avoir assez de place pour mettre le mot de *Monsieur*, à la place où il doit être, il sera à propos de ménager tellement l'écriture, qu'il puisse rester au moins deux lignes pour mettre à la page suivante ; car il ne doit jamais y avoir moins de deux lignes dans une page.

Au bas de la Lettre, pour marque de soumission, à l'égard de la personne à qui on écrit, aprés ces termes : *Je suis*, ou autres semblables, on met ces mots: *Vôtre tres humble & trés-obéïssant Serviteur:* & ils se mettent en deux lignes au bas & au coin du papier, du côté droit ; c'est toûjours par ces termes qu'on finit une Lettre, parce que nous n'avons point d'autres marques pour exprimer nôtre respect. Un fils écrivant à son pere, met : *Vôtre trés-humble & trés-obéïssant fils.* Un Sujet à son Roi, use de ces termes : *Sire, de vôtre Majesté, le trés-humble, trés-obéïssant & trés-fidele Sujet.*

Lors qu'on écrit à son égal, ou à une personne qui est au-dessous de soi, on doit toûjours se servir de termes qui marquent du respect, en traitant celui à qui on écrit, comme s'il étoit simplement au-dessus de soi, & ne se servir jamais d'aucun terme qui marque de l'amitié ou de la familiarité. Si on écrit à une personne qui est beaucoup au-dessous de soi, comme pourroit être un Artisan ou un Païsan, on lui écrit ordinairement, sans l'appeller Monsieur, & on met à la fin tout de suite : *Je suis trés-affectionné à vous servir.*

Il faut en finissant mettre toûjours ces termes; *Vôtre tres-humble*, *&c.* au Nominatif ou a l'Accusatif, & non jamais au Genitif ou au Datif, par exemple : *Je suis vôtre*, *&c.* & non pas, *Commendez à vôtre*, ou *Recevez de vôtre*, *&c.*

La bien-séance veut toûjours, quand on écrit, qu'on mette la date du mois & de l'année ausquels on écrit, & non pas celle du jour de la semaine, & pour plus grand respect, il faut la mettre tout au bas de la page où on finit la Lettre, du côté gauche, au-dessous du mot de Monsieur. Cependant dans les Lettres d'affaires, il est plus à propos de mettre la date au commencement tout au haut, ducôté droit, parce qu'il est à propos que celui à qui elle est adressée en sçache la date avant que de la lire ; on peut aussi en user de même, lors qu'on écrit à une personne avec qui on est familier, ou qui est inferieure.

Lors qu'on écrit à une personne qui est superieure : il est tout-à-fait contre le respect de faire des baisemains à d'autres au bas de la Lettre, & il ne l'est pas moins d'adresser ses baisemains ou recommandations à des personnes qui sont beaucoup élevées au-dessus de soi, ou de leur donner par Lettres quelque semblable commission ; cela est seulement permis entre les amis & entre des personnes égales ou familieres. Cette sorte de civilité au bas des Lettres, se fait ordinairement en cette maniere : *Permettez-moi, je vous prie, Monsieur, d'assûrer de mes respects, Monsieur N.* ou *Madame N. de mes trés-humbles services & respects* ; ou *Je vous prie trés-humblement d'assûrer* ; & *Agréez, s'il vous plaît, Monsieur, que je fasse icy mes trés-humbles baisemains à Monsieur N. à Madame N.* Si la Lettre est écrite de tous les côtez, jusqu'au pas, il n'est pas de la Civilité de la mettre ainsi dans l'envelope, mais

Il sera à propos de couvrir la derniere page d'un feüillet de papier blanc, & de le joindre à la Lettre écrite par une petite marge.

Lors qu'on écrit à une personne qu'on doit beaucoup respecter, il est de l'honnêteté de mettre la Lettre dans une enveloppe, qui soit de papier blanc & bien net, & d'écrire l'adresse sur l'envelope, & non pas sur la Lettre.

L'adresse d'une Lettre se commence par ces termes: *A Monsieur, Monsieur* : & se met au haut du dessus de la Lettre, au commencement de la ligne du côté gauche; & ce mot *Monsieur*, ou bien, *A Monsieur*, tout de suite, se met à la fin de la même ligne, du côté droit, au bas de l'enveloppe, ou du dos de la Lettre, on repete le mot, *à Monsieur*, puis on met le nom de la personne à qui on écrit, sa qualité & sa demeure, en cette maniere:

Monsieur N. Conseiller du Roi . . . ruë . . . & tout au bas, au coin de la Lettre du côté droit, on met le nom de la Ville, dans laquelle cette personne demeure à Paris, par exemple, si elle demeure à Paris. Il est trés-incivil à celui qui écrit de taxer le prix de la Lettre, en mettant, par exemple (port trois sols.) Si on écrit à une personne qui soit beaucoup au-dessus de soi, on met ordinairement au haut du dessus de la Lettre, au milieu de la ligne, & vers le milieu du papier le reste de l'adresse tout de suite, & tout au bas, au coin le nom de la Ville où demeure la personne à qui on écrit. On peut écrire un Billet à une personne qui est égale ou familier ou inferieure, on peut aussi le faire, à l'égard das personnes qui sont superieures, lors qu'on leur écrit souvent; l'adresse aux Billets se met de même qu'aux Lettres.

Lorsque quelqu'un de nos amis nous prie ou que

quelque personne à qui nous devons du respect, commande d'abreger les céremonies dont on se sert en écrivant des Lettres, & d'écrire en Billet, c'est-à-dire tout de suite, sans mettre Monsieur en tête, & sans laisser de vuide; on doit le faire pour ne se point rendre incommode, & par respect pour celui qui l'ordonne.

Quand on écrit un Billet, il faut mettre Monsieur dans le corps du Billet aprés les premiers mots, en cette maniere: *Vous sçavez, Monsieur, que, &c.* & l'écrire & le répeter comme dans une Lettre, & à la fin il faut mettre tout de suite: *Je suis parfaitement, Monsieur, vôtre tres-humble & trés-obéissant Serviteur.*

On ne doit jamais lire ni Lettre, ni Billet, ni Papier, ni lire lors qu'on est en compagnie, à moins que cela ne soit si pressé qu'on ne puisse s'en dispenser, il n'est pas même permis de le faire en présence d'un autre, à moins qu'on ne soit beaucoup au-dessus de lui.

Lors qu'on est obligé de lire une Lettre, étant en compagnie, on doit demander excuse à la Compagnie, & la prier de trouver bon qu'on rende réponse à la personne qui l'a apportée; il faut ensuite se lever, si on est assis, & se retirer à l'écart pour lire cette Lettre tout bas.

Si cette Lettre regarde les interêts de la personne qui la présente, il est à propos d'ouvrir la Lettre en sa présence, en lui faisant auparavant quelque civilité.

Lors qu'on s'apperçoit que quelqu'un veut lire une Lettre en secret, on ne doit point s'en approcher, à moins que celui qui la lit ne prie de le faire.

FIN.

LE PARFAIT MODELE DE JESUS, EN SON EVANGILE,

Pour servir d'Instruction à la Jeunesse Chrétienne.

† Lorsque Jesus fut âgé de douze ans, Joseph & Marie allerent à Jerusalem, selon leur coutume au tems de la Fête. Les jours de cette Fête étant passez, comme ils s'en retournerent, l'Enfant Jesus demeura dans Jerusalem, sans que son Pere ni sa Mere s'en apperçûssent Et pensant qu'il seroit dans la compagnie, ils marcherent durant un jour, & il le cherchoient parmi leurs parens & ceux de leur connoissance, & ne le trouvant point, ils retournerent à Jerusalem pour l'y chercher Trois jours aprés ils le trouverent dans le Temple assis au milieu des Docteurs, les ecoutant & les interrogeant. Et tous ceux qui l'écoutoient étoient étonnez de sa sagesse & de ses réponses. Lors donc qu'ils le virent, ils furent remplis d'étonnement, & sa Mere lui dit : mon Fils, pourquoi en avez vous agi ainsi avec nous ? Voilà vôtre Pere & moi qui vous cherchions étans tout affligez. Il leur répondit, pourquoi est-ce que vous me cherchiez ? ne sçaviez-vous pas qu'il faut que je sois occupé à ce qui regarde le service de mon Pere ; mais ils ne comprirent point ce qu'il leur disoit. Il s'en alla ensuite avec eux, & il vint à Nazareth, & il leur étoit

† En Saint Luc chap. 2. ℣. 42. 52.

soumis. Or sa Mere conservoit toutes ces paroles dans son cœur, & Jesus croissoit en sagesse, en âge & en grace devant Dieu & devant les hommes

Nous allons consacrer aujourd'hui l'explication de nôtre Evangile à l'instruction de la jeunesse, & faire voir aux Enfans les grands exemples que JESUS-CHRIST encore enfant à l'âge de douze ans, leur donne, afin que commençant à pratiquer de bonne heure les vertus Chrétiennes, ils s'accoûtument à porter le joug du Seigneur, qui dans la suite de leur vie leur apparoîtra doux & leger. Il faut donc qu'ils s'exercent dans toutes sortes de vertus, 1°. En faisant paroître leur pieté & leur dévotion dans le Temple, à l'imitation de l'Enfant JESUS, qui se déroba de ses parens pour retourner au Temple y adorer son Pere, *invenerunt in Templo.*

Le premier devoir de l'homme est de rendre ses hommages à Dieu, en reconnoissance de l'Estre qu'il lui a donné si liberalement. Ainsi dés qu'il est capable de se connoître, il est obligé de tourner son cœur vers le Créateur, par un acte d'amour qu'il doit produire; amour qui depuis ce moment doit toûjours augmenter & croître; amour que les parens doivent entretenir en conduisant leurs enfans & les menant à l'Eglise à l'imitation de la Sainte Vierge & de S. Joseph, qui avoient un soin extrême de mener avec eux leur Enfant JESUS, pour y adorer son Pere dans le Temple de Jerusalem. C'est-là que les Enfans en s'acquitant des hommages qu'ils doivent à Dieu, concevront de l'estime pour la Religion & du respect pour nos saints Mysteres; c'est-là que ces jeunes plantes seront arrosées des eaux celestes de la grace, qu'elles croîtront, qu'elles se fortifieront, qu'elles prendront de fortes racines dans la vertu. C'est là que ces Enfans instruits de bonne heure des vérités saintes du salut par la voix de leurs Pasteurs, se feront un devoir & une obligation de pratiquer les choses qu'on leur enseignera. En effet, il y a grand sujet de croire & d'esperer que des Enfans qui sont ainsi élevez chrétiennement & saintement, ayant Jesus-Christ pour maître & pour conducteur, seront sages & vertueux, étant presque impossible que des terres cultivées avec tant de soin, qui ne reçoivent que de bonnes semences, ne portent aussi dans la suite du tems toutes sortes de bons fruits. Ainsi les vertus leur devenant comme naturelles, ils concevront tant d'horreur pour le vice, que le nom seul leur en sera insupportable & les fera trembler. Et si dans la suite ils sont obligez de vivre dans le siécle, ils auront toute leur vie l'honneur & la gloire de Dieu en recommandation; la pieté qu'ils feront paroître dans toutes leurs actions, leur attirera la veneration des personnes qui les aprocheront, s'ils s'engagent dans le Mariage, ils y vivront heureux, parce qu'ils y vivront chrétiennement, ayant soin d'offrir à Dieu leurs enfans comme des effets de sa benediction, avant même qu'ils soient conçûs & aussi-tôt qu'ils seront nez, & ils auront soin qu'ils commencent de bonne heure à servir leur Créateur & leur Souverain, comme eux-mêmes l'ont servi.

Mais si les Enfans doivent montrer leur pieté dans les Temples & dans les Eglises, pour attirer de bonne heure sur eux les benedictions du Ciel, ils doivent être humbles, dociles & appliquez à l'étude dans les Ecoles de leurs Maîtres; ce qui nous est marqué par ces paroles de nôtre Evangile qui nous répresente Jesus-Christ au milieu des Docteurs, les écoutant & les interrogeant, *invenërunt illum sedentem in medio Doctorum audien-*

tem illos & interrogantem illos, jettant dans l'admiration ceux qui le voyoient & qui entendoient ses réponses pleines de sagesse. C'est là le modéle des Enfans au milieu de leurs Maîtres ; il faut qu'ils soient humbles & dociles pour recevoir leurs instructions, qu'ils les écoutent avec attention, qu'ils employent avec fruit le tems qui leur est marqué pour leur étude, qu'on voye de jour en jour le progrez & l'avancement qu'ils y font, qu'ils fassent paroître leur sagesse dans l'éloignement des bagatelles, des puerilitez ; qu'on puisse remarquer dans les interrogations qu'ils feront à leurs Maîtres & dans leurs réponses, leur prudence & leur docilité ; qu'ils éloignent d'eux l'esprit de vanité, en voulant s'élever par-dessus les autres, l'esprit de contention en disputant avec trop de chaleur & d'opiniâtreté, l'esprit de curiosité, en voulant sçavoir des choses inutiles, ou qui pourroient être préjudiciables au salut de leur ame ; l'esprit d'irreligion, en voulant sonder & examiner avec les foibles lumieres de leur esprit des Mysteres & des veritez incompréhensibles.

A la maison, qu'ils s'exercent dans la vertu, en faisant paroître le respect qu'ils doivent à leurs parens, à l'imitation de Jesus-Christ, dont l'Evangile dit qu'il étoit entierement soumis à la Sainte Vierge & à Saint Joseph, *& erat subditus illis.* Car quoique Jesus-Christ fût Dieu ; cependant s'étant revêtu de nôtre humanité, & ayant voulu passer par des differens âges des hommes, il voulut rendre à ses parens les devoirs que les enfans sont obligez de leur rendre. En effet, aprés Dieu ne leur sommes-nous pas redevables de tout ce que nous avons ? Ils nous ont donné l'Etre, ils nous ont nourris, entretenus, préservez de mille accidens, & l'âge auquel nous sommes parvenus est un effet de leurs soins, & de l'éducation qu'ils nous ont donnée : c'est ce qui a fait dire au Sage ces belles paroles :

* *Honorez vôtre Pere de tout vôtre cœur : & n'oubliez pas les gémissemens de vôtre Mere ; souvenez-vous que sans eux vous ne seriez pas nez, & rendez leurs des services pareils à ceux que vous avez reçûs d'eux.* Certes si nous considérons les douleurs, les inquietudes & les peines qu'ils ont souffertes, les dangers qu'ils ont couru, les plaisirs & les commoditez dont ils se sont privez, afin de pourvoir à nos besoins, le soin qu'ils ont pris de nôtre éducation, les larmes qu'ils ont versées devant Dieu pour attirer sur nous ses graces, nous concevrons bien qu'il n'y a rien que nous ne soyons obligez de faire pour eux.

Cet honneur que nous leur devons par la Loi divine, se réduit particulierement à trois choses, qui sont l'amour, le respect & l'obéïssance ; aprés Dieu nous devons aimer nos Peres & nos Meres plus que toutes les autres créatures, parce qu'ils nous tiennent la place de Dieu, & que c'est par eux que nous avons reçû de Dieu ce que nous sommes. Ainsi comme aimer, c'est vouloir du bien à ceux que nous aimons, tout ce que demande un sincere & veritable amour, nous le devons à nos Peres & à nos Meres, & autant qu'il est nôtre pouvoir, nous les devons enrichir & combler de toutes sortes de biens, tant spirituels que corporels.

Le respect consiste à les traiter avec honneur, & cet honneur n'est autre chose que de pourvoir abondamment à toutes leurs necessitez corporelles ; ensorte que s'il est possible, ils ne manquent de rien. C'est ainsi que JESUS-CHRIST, pour satisfaire à

* Eccles. 7. v. 29. & 36.

ce devoir, recommanda en mourant à ſon bien-aimé Diſciple Saint Jean, de prendre ſoin de la trés-Sainte Vierge ſa Mere, & nous avons encore l'éxemple du jeune Tobie, dont il eſt dit dans ſon Hiſtoire, qu'il nourriſſoit ſon Pere du travail de ſes mains, & le ſervoit avec un ſoin & un amour infatigable en ſon extrême vieilleſſe, ſur tout aprés qu'il eut perdu la vûë par un accident que Dieu permit qu'il lui arrivât, afin d'éxercer la patience du Pere & la pieté du Fils. Que cet exemple confond d'enfans dénaturez! qui ayant une infinité d'obligations à leurs peres & à leurs Mere, les abandonnent dans leur vieilleſſe, lors qu'ils auroient plus de beſoin de leurs ſecours; qui ont ſouvent honte de les reconnoître pour ceux à qui ils ſont redevables de la vie, de leur établiſſement & de leur fortune. Un Pere s'eſt donné des ſoins infinis pour élever des enfans, il s'eſt exposé à une infinité de dangers pour leur amaſſer des biens; il a même paſſé les mers, il a entrepris de longs & de fâcheux voyages, il s'eſt privé de mille plaiſirs pour les leur procurer, ſouvent il s'eſt refusé le néceſſaire, & les a même avancez de ſes propres biens, (pour ne pas dire que peut-être ſes mains ſe ſeront portées à l'injuſtice, & qu'il aura augmenté ſes héritages aux dépens de ſon honneur & de ſa conſcience) cependant ces fils ingrats & dénaturez le méconnoiſſent, ils oublient tout ce qu'ils lui doivent, ils ne lui parlent qu'avec mépris; ſa préſence les incommode, elle les fatigue; & loin de leur faire part d'une petite partie de ces biens dont il s'eſt dépoüillé en leur faveur, ils le chargent d'injures & ſouhaitent à tous momens qu'une prompte & violente maladie l'enleve de ce monde & le jette dans le tombeau. Quelle barbarie! quelle inhumanité! & que ces exemples ſont fréquens dans le malheureux siécle où nous vivons.

L'obéïssance est encore un des devoir essentiels que nous devons à nos parens, & ce devoir nous est particulierement recommandé par le Sage. *Celui*, dit-il, *qui crains Dieu, honorera & servira ceux qui l'ont mis au monde, comme des Seigneurs qui ont un pouvoir absolu sur lui.* Et l'Apôtre Saint Paul écrivant aux fidéles d'Ephese, leur dit ces paroles : *Enfans obeïssez à vos Peres & à vos Meres, à cause que le Seigneur vous le commande, car cela est juste.* La raison fondamentale de cette obéïssance que nous devons à ceux qui nous ont mis au monde, *est un certain droit de principauté*, " comme dit " S. Jean Chrisostome, *que la nature leur donne* " *sur nous*, & qui est comme la recompense qu'ils " recoivent pour nous avoir engendrés ; ce qui a " fait dire au Sage, * *que les Enfans doivent ser-* " *vir leurs Peres & Meres, comme leurs propres* " *Seigneurs, qui ont tout pouvoir sur eux.* Et il " en rend aussi-tôt la raison, quand il dit : *Souve-* " *nez-vous que sans eux vous ne seriez pas né.* " Pourriez-vous bien leur rendre ce qu'ils vous ont " donné ? Vous sçavez que non, acquittez-vous " donc du moins de ce que vous leur devez, comme " des sujets à leur Seigneur, qui est l'obéïssance. "

2°. Il faut que les Enfans fassent paroître leur vertu dans la maison de leur pere envers Dieu & envers les hommes, à l'imitation de JESUS-CHRIST, qui croissoit en âge, en sagesse & en grace, devant Dieu & devant les hommes, * *Et Jesus proficiebat sapientia & ætate & gratia apud Deum & homines.* Que c'étoit, mes Freres, un ravissant spectacle de voir JESUS-CHRIST dans la boutique d'un pauvre Charpentier, s'éxercer dans la pratique de

* Serm. 4. de var. * v. 36.

toutes sortes de vertus ; de le voir humble, affable, doux, honnête à tout le monde ; de voir avec quelle sagesse il se comportoit, s'éloignant (je ne dis pas du libertinage si ordinaire aux jeunes gens ; car ce seroit un crime de penser seulement qu'il eût pû y tomber) mais s'éloignant de tout ce qui ressentoit tant soit peu l'inutilité, le plaisir, la perte du tems, travaillant dans la boutique de son Pere, s'occupant à la priere, ayant soin d'adorer continuellement son Pere, s'attirant le respect & l'admiration des personnes qui le voyoient si rempli de sagesse & de prudence, *proficiebat sapientia, & ætate & gratia apud Deum & homines.* C'est cet excellent, ce divin modéle que tous les enfans & jeunes gens devroient avoir sans cesse devant les yeux, pour y conformer toutes leurs actions. Car en même tems qu'ils font paroître envers leurs parens le respect & l'obéïssance qu'ils leurs doivent, il faut que par leur conduite ils témoignent l'honneur qu'ils doivent à Dieu, & le bon exemple qu'ils sont obligez de donner aux autres. Il faut qu'à mesure qu'ils croissent en âge & que la raison augmente en eux, ils fassent paroître plus de retenuë & de sagesse ; qu'ils rendent à Dieu l'hommage & l'adoration qui lui est dûë, lors qu'ils se lévent ou qu'ils se couchent, qu'ils soient assidus à leur devoir & à leur travail, honnêtes & affables à tout le monde ; qu'il ne sorte de leur bouche aucune parole qui scandalise leur prochain, que leur conduite toûjours uniforme les fasse connoître pour des enfans bien nez & bien élevez ; qu'ils s'abstiennent de fréquenter les compagnies dangereuses & les maisons suspectes ; qu'ils fuïent les occasions où leur innocence pourroit être en danger de se perdre ; qu'ils se fassent des amis de ceux en qui ils verront plus de crainte de Dieu & plus d'éloignement des maximes corrompuës du siécle ; qu'ils évitent & qu'ils fuïent le peché, selon l'avis du plus sage de tous les hommes, comme ils éviteroient l'approche d'une couleuvre, * *quasi à facie colubri fuge peccata.* Enfin qu'ils s'opposent de bonne heure à leurs passions naissantes & à leurs mauvaises inclinations.

Peut-être me demanderez-vous à quoi je songe, d'éxiger dans un âge si tendre & qui ne respire que l'amusement ou les plaisirs, tant de retenuë & de sagesse, qu'il n'est pas en vôtre puissance de l'avoir; & que cela est bon pour des personnes qui commencent à avoir les cheveux gris. Ah ! que vous vous trompez lourdement. Combien en a-t'on vû, & combien vous citerois-je d'exemples de personnes dont la sagesse, la retenuë & la pieté, ont été le partage dans leur grande jeunesse, qui ont crû avec cette sagesse, & qui l'ont portée jusques dans le tombeau. C'est un don de Dieu, il est vrai, c'est une grace toute particuliere, je l'avouë; mais c'est aussi ce qui m'oblige à vous dire, que ce n'est pas une chose qui vous soit impossible, puisque Dieu vous l'accordera aisément, si vous la lui demandez. Salomon qui a merité par excellence le nom de Sage, ne l'avoit pas reçûë en naissant non plus que vous ; mais Dieu la lui donna en partage aprés qu'il se fut adressé à lui. * *J'ai souhaité*, dit-il, *d'avoir un sens droit, & Dieu me l'a donné. J'ai invoqué le Seigneur, & il m'a rempli de l'esprit de sagesse.* Mais voyez un peu l'estime que le Sage faisoit de cette sagesse, aprés que Dieu en eût rempli son esprit, & apprenez de cet exemple quel bon-heur ce seroit pour vous, si vous vous étiez rendu digne de l'obtenir de la

* Eccles. 21. v. 2. * Sap. 7.

bonté de vôtre Créateur. *Je l'ai preferé, cette Sagesse*, continuë-t'il, *aux Sceptres & aux Couronnes, & j'ai crû que les richesses & les pierres précieuses ne meritoient pas de lui être comparées; car tout l'or & l'argent n'est rien au prix de la Sagesse, qu'un peu de sable & de boüe.*

En effet, que sont les Sceptres & les couronnes, l'or & l'argent en comparaison de la Sagesse, les Sceptres se brisent, les Couronnes s'enlevent, les biens s'écoulent de nos mains, ou les voleurs nous les ôtent & nous les ravissent. Mais tous les efforts des hommes ne sont pas capables de nous enlever cette précieuse vertu, elle nous demeurera toûjours en partage, pendant qu'ils nous dépoüilleront de toutes les autres choses.

Que si par le passé vous n'avez pas fait assez de réflexion à ces grandes & à ces importantes véritez, songez y maintenant, & dans cette nouvelle année qui commence, prenez de saintes résolutions de vous conduire avec plus de sagesse. Vôtre esprit volage & peu arrêté, vous a fait courir aprés les bagatelles du monde, vous avez recherché les plaisirs avec beaucoup de passions; le jeu, la bonne chere vous ont occupé; les Sirénes du monde vous ont séduit par leurs faux appas, elles vous ont enchanté par leurs discours empoisonnez. Ah! rompez genereusement avec elles, défaites-vous, débarassez vous de leurs filets, domptez la violence de vos passions, reprimez ces flâmes naissantes, dont les étincelles font de si funestes embrasemens, éteignez-les par les eaux de la Pénitence, édifiez vôtre prochain par une conduite plus réguliere, & que dorénavant on vous voye croître en sagesse & en graces, aussi-bien qu'en âge. Faites réflexion à ces paroles de l'Apôtre Saint Paul, qui dit, * *Que Dieu nous a prédestinez pour être conforme à l'image de son fils, afin qu'il fût l'aîné entre plusieurs freres.* Quel honneur, mes Freres, pour vous & pour moi, d'avoir JESUS-CHRIST pour nôtre frere aîné; il faut donc qu'il soit en toutes choses nôtre modéle; c'est ce qui a fait dire à l'Apôtre saint Jean, * *Celui qui demeure en* JESUS-CHRIST, *doit marcher lui-même comme* JESUS-CHRIST *a marché.* C'est en cela que l'on connoîtra si vous êtes de veritables enfans de Dieu. Ainsi si vous exprimez en vous les traits de son humilité, de son obéïssance, de sa modestie, de sa patience, de sa douceur & de ses autres vertus, vous meriterez d'avoir part à l'heritage de vôtre Pere celeste, & de régner un jour dans le Ciel avec JESUS-CHRIST, qui pendant sa vie mortelle * *croissoit en âge, en sagesse & en graces devant Dieu & devant les hommes, étant ce que je vous souhaite.*

* Rom. 8. 29. * Cap. 1. * ℣. 52.

FIN.

BIBLIOTHEQUE DE L'ARSENAL

www.ingramcontent.com/pod-product-compliance
Ingram Content Group UK Ltd.
Pitfield, Milton Keynes, MK11 3LW, UK
UKHW020246180726
13839UKWH00001B/209